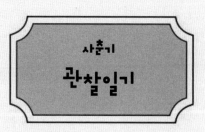

사춘기
관찰일기

사춘기 아들
관찰일기

ㅎㅅㄹ북스

차
례

+ 내지의 사진들은 아들 송은율이 찍었습니다.

프롤로그

현존 인물을 상대로 글을 쓴다는 건 나나 아이에게 몹시 위험한 일이다. 흔히 간증이라는 게 자신의 체험을 사람들에게 고백함으로 신을 높이는 고백의 행위라고 한다면, 나의 사춘기 관찰일기는 엄마인 내가 얼마나 형편없는지를 밝히는 실패 일기이며, 촌스럽고 유치한 아이와의 전쟁사이자 아직도 진행 중인 나의 이야기, 너의 이야기, 그리고 우리의 이야기라는 생각이 든다.

답답한 마음에 어디에라도 내 속을 쏟아붓고 싶은 마음에 4년 전부터 써 왔던 일기였다. 아이를 키우며 마주하게 되는 황당함이 비단 나의 문제만은 아니라고 생각했다. 학교에서 배운 것과 현실의 괴리에서 숱한 갈등을 겪었던 듯하다.

너무 오픈되는 것도 불편했고 꽤 괜찮은 사람인 '척'하고 살았던 내가 가면들을 벗는다는 건 자발적인 일이 아니기에 실로 고통스러웠다.

그나마 나는 사춘기 관찰일기를 통해 제법 괜찮아 질 정도로 나를 이해하게 되었다. 사춘기 아이가 아니면 전혀 느끼지 못했을 감정, 생각들은 애쓰며 살아가는 나를 무장해제 시켰고, 어떻게 해도 안 되는 게 있다는 가르침은 위대한 삶의 지침이 되어주었다.

아마 나처럼, 아니면 나보다 더 걱정과 짜증, 힘듦의 연속 가운데 살아가는 부모들이 있으리라 생각한다. 간혹 내 블로그에 자신의 문제들을 몰래 적으며 위로와 공감을 해주는 분들이 있었다. 그래서 용기를 내서 책을 내야겠다고 생각했다. 지극히 개인적인 글이 어찌 보면 다른 사람을 살리는 약재료가 될지도 모른다는 생각에서다.

부모의 걱정인지 아니면 정말 애가 사춘기라서 그런지는 아직도 미지수다. 책을 내고 나면 더 겁을 내야 하는 일이 생길지도 모르겠다. 그러나 문제가 있을지라도 그 문제까지도 받아들이는 게 내 몫이란 생각이 든다.

나는 그대가 아무것도 모르는 상태에서 무방비로 사춘기를 맞이하지 않았으면 좋겠다. 내가 아닌 자녀의 모습을 통해 두려움과 걱정이 앞서는 분들에게도 심심한 위로가 되기를 바란다.

자녀교육은 부모의 평생 숙제인지 모른다. 너무 잘하려고, 너무 반듯하려 하지 말고 그냥 나도 잘하지 못할 수도 있다는 어설픔의 자유가 이 글을 읽는 모든 사람에게 생긴다면 그걸로 행복할 듯하다.

청계산 자락아래에서

사춘기 엄마 우지연 씀

사춘기

관찰일기

아이를 키우는 게 아니라 내가 자라는 것이었어

"개그는 개그일 뿐 오해하지 말자" 남편이 아들과 내가 하는 것을 보고 해준 말이다. 장난과 진심을 구분하지 못한다는 말이다.

남편은 그러면서 말을 이어갔다. 군대에서 회식이 끝나면 꼭 얼차례가 있다고 한다. 회식하면서 야자 타임도 하고 이런저런 편한 시간을 보내며 잘 놀았는데, 회식이 끝나면 그때 논 것을 가지고 기분이 안 좋았던 선임이 꼭 끝날 때 아까 반말했던 것 등을 가지고 혼을 낸다는 것이다. 그러면 회식하는 게 점점 부담스럽고 회식 같지 않은 회식이 된다고 했다.

남편은 내가 그런 선임 같다고 했다. 정말 그런가?! 잠시 생각을 했지만 맞는 말 같았다. 어떤 의미에서는 경계가 없다는 게 맞는 말인지도 모른다. 여기서 경계란, 무엇이 장난이고 아닌지를 아이에게 헷갈리게 한다는 말이다.

나는 그동안 이런 갈등이 남자와 여자의 차이 때문이라고 생각했었다. 예전에 남편과 한창 싸울 때 남편의 말장난 때문에 많이 싸웠었다. 남편은 계속 장난이라고 하는데 나는 그 장난이 싫었었다. 그래서 분위기 좋게 잘 놀다가 갑자기 분위기가 서늘해지는 그런 때가 많았다. 그 뒤 남편은 내가 싫어하는 것을 알고 웬만해서는 장난을 걸지 않는다.

생각해 보면 우리 남편은 재미있던 사람이었다. 말도 어쩜 그렇게 재밌게 했던지, 외모나 학력 등은 내 스타일이 아니었지만 단 한 가지, 그의 말을 듣고 있으면 미소가 생겼다. 웃음은 무장한 사람을 해체한다. 어쩌면 남편이 많이 웃지 않는 건, 다 나 때문이다. 내가 그것을 막았는지도 모른다.

그런데 최근에 남편이 나와 아이가 노는 모습을 관찰하더니 아이가 정말 헷갈릴 것 같다고 했다. 잘 놀아주다가 자기감정에 따라 이랬다저랬다 바뀔 때마다 아이가 어떻게 해야 할지 모를 것 같다고 했다.

생각해보니, 내가 아이에게 주로 혼을 낼 때는 아이가 투덜거리며 내는 뒷말을 할 때, 화날 때 노려보고 쿵쾅거리며 움직일 때, 물건에 감정을 담아서 둘 때 등 주로 예의와 관련될 때이다. 한 가지 더, 물건을 제자리에 두지 않고 놓고 싶은 대로 아무 데

나 두는 것까지 추가한다면 너무 한 걸까?

나는 내가 맞다고 생각했다. 그런데 남편의 말을 듣고 보니 아이가 헷갈릴 수 있고 이해하지 못할 수 있을 거란 생각이 들어 괴로웠다. 왜 나는 경계가 없을까? 누구보다 경계가 중요하다고 생각하며 지켜왔던 내 생각은 경계가 아니라 자기 보호였다.

나의 어린 시절을 생각해 보면, 우리 집은 밥을 먹을 때 아무 말을 하지 않기로 작정했다. 가족이 모두 모여 기분 좋게 먹다 보면 알 수 없는 포인트에서 아빠는 화를 냈고 때로는 밥상을 엎기도 하고 욕을 심하게 하기도 했다. 더 큰 문제는 그것을 예상할 수 없었다는 것이다. 그래서 아빠를 제외한 세 식구는 무미건조한 표정으로 밥상을 대하고 "예, 아니요"라는 말만 했다.

그런데 내가 아이를 키우며 그때 '알 수 없는 포인트'를 지금 내 아이에게 하고 있었다.

맙소사! 정말 몰랐다.

어린 시절의 나도 몰랐고

지금 누군가의 엄마로, 아내로,

성인으로 자라기까지 전혀 몰랐다.

다른 사람에게 느슨한 관계를 연출하고 그들이 드나들 수 있
게 해야 하는데 나는 온갖 꽁꽁 매어 놓은 줄로 경계를 풀지 못
하고 항상 쥐고 있었다.

이것은 맞고,

이것은 이렇게 해야 하고….

지칠 줄 모르는 신체 왕성한 사춘기 아이와

예민하고 생각 많은 나는

몸과 말로, 그렇게 뒤엉키며… 또 시간을 보낸다.

아이가 아니라 내가 자라야겠다.

집에 안 들어왔다

며칠 전, 아이가 즐겨 먹는 숏다리를 못 먹게 했다. 아이가 좋아하는 간식이라는 것을 알고 있지만 먹지 않는 나로서는 그 냄새가 싫었다.

그랬더니 귀갓길에 집으로 바로 오지 않고 숏다리를 먹는 것이 가능한 할아버지 집으로 갔다. 어제도 집에 바로 오지 않고 오늘도 집에 오지 않아 물어봤다. 집에 곧바로 오지 않는 이유가 있냐고.

아이가 아직 순수해서 그런지 말을 해줬다.

"숏다리 먹고 싶어서."

아이에게 숏다리를 못 먹게 한 결과가 어떤 일을 가져왔는지

비로소 알게 됐다. 아이도, 사람도…. 무언가를 못 하게 하면 그 것을 안 하는 것이 아니라 못하게 한 사람 뒤에서 일을 벌인다 는 것을 말이다.

어머니가 아버지에게 술을 마시지 말라고 했다. 술을 마시지 말라고 했더니 집에서 술을 마시지 않고 밖에서 마시고 오셨다. 이런 식이다. 남편이 쇼핑하지 말라고 해서 알았다고 했다. 그리 고 가방에 물건을 넣고 몰래 들어왔다.

집에서 안 하는 것이 중요한 것이 아닌데 인간은 인간을 조정 할 수 있다고 믿는 것 같다. 그렇게 자기 말대로 따라 줄 때 사고 가 일어나지 않는다는 믿음 말이다. 무엇을 하지 말라는 것이 문 제가 아니라 어떻게 사는지가 더 중요하다는 것을 아들의 짧은 외출로 다시 기억났다.

오늘도 싸웠다

퇴사하고 집에 있다가 보니 아들과 싸우는 일이 빈번해졌다. 예전에는 남편과 그렇게 싸우더니 이제는 아들이다. 남편과 싸운 전력이 있는 나로서는 문득 우리가 친해지는 시간을 온몸과 마음으로 배우는 시간이라는 생각이 들었다. 문제는 글을 쓰고 있을 때만 제정신이고 그렇지 않을 때는 아들과 내가 너무 웃기게도 유치해진다는 것이다.

오늘은 아이가 방을 엉망으로 하고 나갔다.

평상시라면 다 치워주는데 오늘은 이것을 교육적 가르침의 시간으로 삼으려고 그대로 두었다. 마음에 안 들어 아침부터 부글거렸다. '오기만 해봐라!' 그냥 내버려 두면 된다고 하는데, 잘 안된다. 더러운 것을 못 넘기겠다.

아이를 한 사람의 인격으로 대한다는 것은

그 사람의 자유를, 그 사람의 소유를

함부로 침범하지 않는 것이다.

하지만 말이 쉽지, 같이 사는 가족에게는 어렵다. 싸우기로 작정했냐는 듯이 학교 갔다 온 아이의 손에 있는 숯다리 때문에 또 싸웠다. 오랜만에 보는 문어 다리가 반갑기보다는 냄새가 나서 미간이 찌푸려졌다. 그리고 혼자 냠냠거리고 맛있게 먹는 녀석의 것을 건드렸다. 이건 아빠 것, 나도 한 입….

아이는 조금 덩치 큰 강아지처럼 으르렁거렸다. 자기 밥그릇을 뺏긴 것마냥 눈물이 글썽거리기도 했다.

순간 당황하고 서운했던 나는… 초등학교 3학년 아이의 수준으로 내려가 우리도 안 먹을 테니 너도 저녁도 먹지 말고, 육포도 먹지 말라고 했다(육포는 내 거다).

40대 중반에 들어서는 나는 이렇게 유치하다. 배울 만큼 배웠다는 말이 아무런 필요가 없다. 아이와 정신없이 싸우다가 유치한 말장난에 지칠 때쯤 정신이 돌아왔다.

아이가 보는 <놓지마 정신줄>이라는 웹툰은 내가 봐야 할 것 같다. 아이랑 있다가 보면 정말 정신줄이 끊어진다. 배운 지식과 다르게 아이를 함부로 대하고 유치한 몸짓을 하다가 잠시 몸과 마음이 지칠 때쯤 다시 이야기를 꺼냈다.

아이는 숏다리를 그동안 많이 먹고 싶었지만 엄마가 자기에게 허락도 없이 그것을 뺏었다고 했다. 나는 뺏은 게 아니라 나눈 거라 정정했다. 아이는 아니, 뺏은 거라고 정정했다. 나는 또, 아니라고 했다. 반복될 것 같은 조짐이 보였지만 의미 없다는 것을 알기에 하던 말을 멈췄다.

아이가 마스크를 집어 던졌다. '답답했겠지.' 그런데 그때를 또 참지 못하고 아이의 태도에 윽박질렀다. 한심하다. 나도 참.

본의 아니게 또 한 바퀴를 말싸움하며 돌았다. 그리고 눈물 찔끔거리며 아이는 배려하지 못하고 자기만 생각했던 것과 마스크를 던진 것을 사과했고, 나는 아이에게 묻지 않고 한 짓을, 그리고 아이가 그렇게 좋아한다는 것을 충분히 생각하지 못한 채 마음대로 나누려고 했던 점을 사과했다.

잠시 평화가 왔다.

휴전이겠지만.

사춘기 아들 다루는 법

아들의 말에 일희일비를 멈추기.

말에 감정 섞지 말 것.

흥분하면 잠깐 다른 곳으로 이동하기.

똑같이 흥분하면 지는 것임.

아들의 노려봄에 흔들리지 말기.

같이 치사해지지 말기.

주고 뺏는다고 하기 없기.

집에서 내쫓기 없기.

울고 울리기 없기.

제삼자 끌어들이지 말기.

더러워진 곳 정리해 주기 없기.

아… 참… 힘들다 ㅋㅋ

왜 씻지 않는 걸까

사춘기 아이들이라서가 아니라 집에 있는 시간이 많은 아이와 부모님의 싸움거리 중 하나가 씻는 문제 때문이 아닐까? 우리 아이도 예외가 아니다. 아침에 일어나 수업을 듣는 것은 잘하는데 씻는 것은 하루가 지나고도 한참 뒤에나 겨우 한다.

왜 씻지 않는 걸까? 귀찮은 걸까?
냄새가 난다는 걸 못 느끼는 걸까?
남자아이라서 후각이 덜 발달한 탓일까?

매일 씻었니, 씻지 않았니… 실랑이를 벌이는 게 괴롭다.
너의 냄새를 맡는 건 나라고…. 나!!!
남편에게 말했다.

냄새난다고.

못 참겠다고.

저 떡진 머리카락을 보노라면 토할 것 같다고.

남편이 나에게 말했다.

이제 시작이라고.

원래 냄새난다고.

하긴 여중·여고를 나온 나도

여자 친구들의 냄새를 맡은 적이 있다.

빗질은 자주 하는데 머리를 감지 않아서

헤어로션을 바른 것 같은 그런 느낌?

오랜만에 옛날 남동생이 사춘기 때 그 방에 들어가 맡았던 향이 떠올랐다. 얼마 만이었더라. 어떤 향은 냄새가 좋지 않아도 생각난다.

아들은 자기가 냄새난다는 것을 극구 부인한다. 얼굴까지 올 그락불그락 거리면서. 그래도 나는 냄새는 싫지만 냄새날 수밖에 없는 아들의 몸뚱어리를 좋아한다.

그게 너의 약점이라도

데리고 살게.

잠시는….

거실이냐 주방이냐

깨끗해야 무슨 일이든 시작하는 나는 아침을 시작할 때 진공 청소기를 꺼내 집을 정리하는 일부터 시작한다. 청소와 정리가 어느 정도 끝나면 커피를 마시며 성경을 묵상하는 것이 하루의 시작이다.

그런데 아들은 항상 나를 보며 밥 달라고 한다.
엄마=밥.

분명 조금 전에 물어봤을 때는 배고프다고 하지 않았는데 내가 뭐만 하려고 하면 기다렸다는 듯이 마음을 바꿔 무엇을 해 달라고 한다.
집에서 보내는 시간이 많은 아들과 나는 김밥*국처럼 메뉴판을 적어서 먹고 싶은 것을 고르라고 하고 약간 비슷하게 만들어 주곤 한다.

아들의 밥을 차리고 설거지하는 동안 배부른 아들에게 청소를 부탁한다. 거실을 진공청소기로 돌려달라는 건데, 시간이 얼마 지나지도 않아 다했다고 한다. 내가 서 있는 주방 근처에는 오지도 않고 말이다.

그래서 주방은 왜 안 하냐고 했더니, 거실만 엄마가 부탁했다고 한다. 발끈한 나는 여기도 거실이라고 했다. 아들은 거기는 거실이 아니라 주방이니 자기가 할 필요가 없다고 했다.

몇 번의 말다툼을 하고, 신경질이 난 아들은 주방을 대충 청소기로 휘리릭 왔다 갔다가 했다. 나도 설거지를 마치고 휴대폰을 집어 들었다.

그리고 아들 몰래 검색을 했다. "거실의 요소, 거실에는 주방이 들어가나요?" 등을 찾아보다가 시원한 답변이 없어 백과사전으로 들어가 봤더니, 인테리어 사전에 거실과 주방이 별도로 되어 있는 것을 알게 되었다.

그 사이 아들은 아들 나름대로 위키피디아에서 검색하고 있었다. 잠시 뒤, 자기 방에서 나온 아들은 자기가 사전에서 검색해 봤다며 엄마가 틀렸다고 말한다. 나는 내가 틀렸다고 인정할 수밖에 없었다. 그런데 기분이 정말 나빴다. 그래서 곧이어 내가 말했다.

"나는 지금까지 거실에 주방이 들어가 있는 줄 알았어. 근데 너는 그렇게 나를 이기고 싶니?"

말도 안 되는 말을 하는 내가 참 유치한데 어쩔 수가 없다. 내 수준이니깐…. 아들은 상향수준으로 똑똑해지는데 나는 아들 수준으로 하향 조정되는 것 같다.

"여러분, 거실과 주방은 별개더라고요.

저처럼 생각하지 마세요!"

받아쓰기 10점, 수학 바보

받아쓰기를 신경 쓰지 않았다. 알아서 방에서 공부한다고 하길래 공부하는 줄 알았다. 70점, 40점을 받더니 드디어 10점을 받았다.

혹시나 꼴찌냐고 그랬더니 그렇다고 한다. 충격이다. 어이가 없어 웃었다. 아이도 웃었다. 다음부터 열심히 한다고 했다. 학기 중 일이었다.

그런데 아이와 늦은 밤 이야기를 하며 새롭게 알게 된 사실이 있다. 아이들이 아들을 놀렸다고 한다. 받아쓰기도 못 한다고. 바보라고.

아들에게 감정이 어땠냐고 물으니, 괜찮았다고 한다. 그리고 곧이어 실은 창피해서 못 들은 척했다고 한다. 그런데 이 이야기를 꺼내며 아들이 운다. 속상했나 보다.

남편과 나는 공부를 많이 한 편이라, 아들의 공부에 최대한 관대하려고 노렸했다. 특히 나는 아들에게 공부를 가르치면 너무 꼼꼼하게 다룰 것 같아 모른 척했다. 게다가 자기가 알아서 해야 할 일이라 생각했다.

덕분에 아들이 잘하는 것도 있다. 잘하든 못하든 우리 아들은 정말 알아서 하는 일이 많다. 아침에 일어나서 혼자 수업 듣기, 배고프면 밥 챙겨 먹기, 알아서 숙제하기. 대단한 일이다.

그런데 며칠 전, 수학을 하다가 또 놀랄 일이 생겼다. 수학도 못 한다. 나를 닮았나 보다. 나도 셈하는 것을 잘 못한다.

특히 빼기, 남에게 뺏기, 더하기, 나에게 더하기… 잘 못한다.
잘하는 것은 곱하기, 남에게 배로 갚기,
나누기, 내가 가진 것을 나누는 걸 잘한다.

초등학교 수학을 못 한다는 것을 안 남편은 초등학교 문제집을 사서 풀라고 했다. 정식으로 밑에서부터 다시 배우는 것을 시작하기로 했다. 남편도 충격을 받은 것 같다. 그래도 나는 다행이란 생각이 들었다. 남편은 수학을 좀 하는 것처럼 보였다.

잠시 뒤, 남편과 아들이 나를 무시한다. 내가 푼 문제가 틀렸다. 괜찮다. 자존감이 좀 있다. 남편이 아들을 가르쳐주니 훨씬 편하다. 다행이다. 내가 못 해서. 상품으로 건 5만 원이 아이를 몰입하게 했다.

공부도, 문제도 할 때 해야 한다는 것을
아이가 알았으면 좋겠다.
그리고 안 될 때는 다시 처음으로 돌아가
기본부터 해야 한다는 것도 기억했으면.

격투하듯이

사춘기 아들이 밖을 나가지 않자, 남편은 글러브를 샀다. 그리고 아들과 매일 권투를 하기 시작했다. 둘 다 권투를 배운 적이 없어 권투하는 모습이 그냥 막 때리는 것 같다. 그런데 나랑 다른 것은 남편은 권투할 때 적당하게 져준다는 점이다.

남편이 회사에 다닐 때가 생각났다. 상사와 볼링을 치거나 당구를 칠 때 상사가 눈치채지 않게 조심스럽게 져주는 것. 이걸 잘해야 이쁨을 받는다나.

그런데 나는 아들과 몸으로 하는 권투를 하지 않지만, 입으로 권투를 매일 그것도 여러 번 하는 것 같다. 하루에도 몇 번씩 나를 격노케 하는 아들의 말. 어디에 사용하는 단어인지 모르고 하는 단어들이 나를 미치게 한다. 사악하다느니, 약골이라느니, 아들이 내게 한 말들이다.

거의 조롱에 가까운 수준에 나는 열을 받아 소리를 질렀다. 그러면 진 것이다.

꿈에 아이가 나왔다. 프로이트나 융이 보면 무의식의 작동이라고 하겠지만 꿈에서 아이를 막 때렸다. 그러면 안 된다는 걸 알면서도 때리고 후회했다. 그렇구나. 내가 아이를 미워하고 있었다. 아이에 대한 내 감정을 억누르고 있었다. 꿈이지만 아이를 때려놓고서 또 나를 정죄했다.

꿈에서 깨고 아이가 하는 장난을 받아줄 마음이 전혀 없던 나는 지금까지 내가 낼 수 있는 최고의 하이음이 어느 정도인지를 확인하는 사람처럼 소리를 질렀다. 속은 시원했고 아이보다 내가 더 놀랐다.

'미안하다, 괜찮다'를 반복하는 게 지겨우리만큼
지금의 너와 나는 어렵다.
생각 같아서는 말도 하기 싫은데 부모라서 또 건넨다.

아이에게 말했다.

처음에 장난감을 사면 그 장난감에 스크래치가 하나도 없지만 조심스럽게 다루지 않고 함부로 만지면 스크래치가 생기고 나중에는 버리고 싶은 정도가 돼버린다고.

너와 나의 관계도 그렇다고. 서로 잘하자고 했다.

오늘의 권투는 그렇게 해서 무승부가 됐다.

관찰자가 되면 양육할 수 없다

살면서 보일 최대의 허점, 실체를 아들에게 드러내고 있다. 오늘은 아들의 말 한마디에 무의식이 올라왔다고 표현해야 할까, 속이 다 뒤집혔다. "본을 보이라고" 하는 아이의 말에, 그만 화를 왈칵 쏟아버렸다.

대화인즉, 아들이 피아노 연습을 하다가 한 곡을 삼일 연속 치지 않고 넘어갔다. 그래서 그것에 대해 말했더니, 내 말을 듣지 않고 그것은 자기의 자유라는 등의 억지를, 혈기를 부렸다. 아들은 논리도 없고 감정만 드러내고 있었다.

그리고 이 모습을 지켜보던 남편이 훈수를 두었다. 남편은 나와 아이를 한 그룹으로 묶어 '너희' 그만 싸우라고 했다. 나는 '너희'라는 남편의 말에 또 열을 받아 이번에는 남편과 싸웠다. 남편은 종종 나를 아이와 같은 레벨로 보고 동등하게 취급하는데 이게 너무 싫었다.

그런데 이제 알았다. 나는 남편의 말대로 아들을 훈계하는 게 아니라 아들과 싸우고 있었다. 친한 친구 녀석들끼리의 주먹다 짐 비슷하게 한 대 때리면 한 대 되받아 치는 식의 말싸움이 계 속 되었지만, 오늘은 거기서 끝나지 않고 아이가 외국에서 주문 한 장난감을 던져버렸다.

결정적인 실수라 하고 싶지만 실은 고의로 한 일이였다. 아……. 내가 이런 여자다.

아이는 펑펑 울면서 앙칼진 목소리로 나에게 말했다.

엄마는 내가 좋아하는 것만 던진다고.
나는 엄마처럼 폭력적인 사람은 되지 않겠다고.
내가 아까 말을 잘못하고 소리 지른 것은
다 내 잘못이지만
이것은 엄마가 잘못한 것이라고.

아이의 말을 들으니 부끄러워지는 게 아니라 더 화가 났다.
아, 권위주의의 산물, 엄마라는 게 뭐라고, 아이를.

할 말이 그것밖에 없고, 그 짓밖에 없는지. 그렇게 아이의 것을 던지고도 화가 나서 방에 들어가 던질 것을 찾았다. 더 던지고 싶고 모든 것을 망가뜨리고 싶었다. 머리로는 안 된다고 하는데 흥분한 마음은 가라앉지를 않고 끝장을 보고 싶은 마음이 간절했다. 악에도 소원이 있구나.

아이의 한마디, 한 마디에 나는 예민한 관찰자였다. 아이를 잡으려고 몰래 숨어있다가 아이가 잘못하면 잡아가려고 하는 못된 놈과 같았다. 왜 이렇게 안 되는 게 많은지 나도 힘들다.

아이는 자라는데 나는 안 자라나?

서러워 짐승의 소리를 내는 아이 앞에
잘못한 사람이 나니,
미안하다는 말을 하기 위해 찾아갔다.

네가 내 말에 자꾸 말대답한다고 생각했고 나는 그게 너무 싫었다고 했다. 그렇다고 해도 네가 아끼는 것을 던지면 안 되는데 네가 좋아하는 것을 던져서라도 너를 화나게 만들고 싶었다고 솔직히 말했다.

그리고 나는 정말 사랑해서 하는 말이었는데 너는 그 말들이 그렇게 싫었냐고, 어떻게 내 말이 하나같이 잔소리로 들리냐고, 이번에는 내가 어미 잃은 짐승의 소리를 내며 울었다. 미안함, 후회, 서러움, 부끄러움이 섞인 울음이었다.

차마 아이 앞에 얼굴을 들 수 없었다. 못 보여줄 것을 너무도 많이 보여줬다. 그런데 그 앞에 당당히 맞서는 이 아이는 또 뭔가. 본을 보이지 않는다는 아이의 말은 오늘을 채 넘기지도 않고 정확히 맞는 말이었다.

아이를 키우는 게 이렇게 힘들다. 준비가 안 됐다고 아이 낳기를 미뤘던 내가 생각났다. 당연히 여자와 남자의 차이도 있고, 자녀와 엄마의 자리에서 비롯된 차이가 있겠지만, 예민하고 완벽한 스타일의 나는 아이를 위해 해야 할 말을 참았다고 해도 관찰자, 감시자였다는 점을 받아들일 수밖에 없다.

관찰자로 사는 한
양육자가 아니라는 것을 다시 되새긴다.

그리고 아들은 소리 지르는 것을,
나는 던지는 것을 하지 않기로 약속했다.

내가 아들과 다툰 이유도 이것 때문이었지

아들은 내 삶의 동반자다. 내 모든 것을 알고 있다. 그런데 나는 나도 모르게 자꾸 내 기준을 세운다. 아들은 어리다. 아들은 내 말뜻을 못 알아들을 수 있다. 아들은 미숙하다. 아들은 아직 과정 중에 있다. 어쩌고저쩌고….

그래, 나도 알고 있다.

그런데 문제는 아들을 머리로 이해하는 것과 달리 내 속이 받아들이지 못할 때가 있는데 그것은 나만의 기준 때문이다. 그래, 어디까지나 그것은 내 기준이고 내 판단이다. 그런 나에게 아들은 '왜'를 자꾸 주장한다. 왜 내가 그것을 해야 하는지에 대해 그 기준을 세운 것이 엄마라며 맞지 않다고 자꾸 반항한다. 때릴 수도 없고, 논리적으로 싸울 수도 없고 감정적으로 부딪히는 정말 아찔한 사이다.

지금까지 나는 얼마나 폭력적으로 다른 사람에게 내가 원하는 대로 해주기를 바라며 살았고, 실제로 나도 그렇게 사는 것을 싫어하면서 아무런 감정이나 비판적 사고 없이 아들을 대했는지를 알게 되었다.

그래도 배운 여자라는 티를 내기 위해 아들에게도 10번 말할 것을 정말 조심조심하며 5번 얘기했었다. 나로서는 이 얼마나 억울한 일인가. 내가 5번이나 깎아줬으니…. 한마디로 봐줬으니 말이다. 그런데 이런 배려를 고마움으로 느끼기는커녕 악랄하게도 아들은 내가 5번이나 깎아준 것을 인정하지 않고 계속 격동케 한다.

자기가 먹은 것을 치우라는 말에도 시큰둥하며 나를 조롱하듯 시험한다. 마치 예수를 십자가에 달고 조롱한 군인들처럼. 네가 그러고도 엄마냐고, 엄마는 나랑 뭐가 다르냐고 조롱하는 듯하다. 억지를 쓰는 아이와 같이 부딪혀 봐야 유치한 수준으로 내려가게 되고 결국 아이의 마음도 나의 마음도 다친 채 누구의 승리도 아닌 난잡한 싸움이 되리란 걸 안다.

그래서 시비 거는 아이를 요리조리 피하고 있다. 나는 바르다고 생각하는 것들을 아이는 모조리 반대하고 있기에…. 그리고 그렇게 하는 아이가 매번 틀린 건 아니라는 것을 알게 되었다.

그런데도 내 마음대로 하고 싶은 나는 반드시 나의 목적을 이루고야 말겠다는 굳은 의지를 달구고 있으니 이 얼마나 한심한 인간인가. 십대에게도 져주지 못하는 좁디좁은 마음을 가진 사람이다.

볼프(Miroslav Volf)는 말했다. "나는 나 자신이 되고자 하는 나의 의지에 타자를 통합시키고 싶어 한다. 그래서 폭력에 기댄다. 즉 타자를 위한 공간을 마련하기 위해 나 자신의 모습을 바꾸는 대신, 내가 원하는 자신이 되기 위해 타자를 내가 원하는 모습으로 바꾸려고 한다."

나는 아들에게 많은 폭력을 행사했다. 그리고 그것을 아는 것으로는 폭력을 저지할 수 없었다. 지식에는 아무 힘이 없다. 그래서 폭력을 행사하는 나 자신을 이길 수 없다는 것을 알았을 뿐 사춘기를 시작하는 아들과 처절하게 싸우며 사람에 대해 다시 배우게 된다.

아들이니깐
말을 들을 수밖에 없는 엄마라서, 그나마 다행이다.

bucket list

1. 미국에 가서 자유의 여신상 사진 찍기 ☐
2. 엿 먹어보기 ☐
3. 엄마 아빠랑 페어글라이딩 하기 ☐
4. 제주도에 있는 책방 전국투어 해 보기 ☐
5. 내 돈으로 첫 여행하기 ☐
6. 회사 설립 하기 ☐
7. 내 돈으로 카페 차리기 ☐
8. 여자 친구 사귀기 ☐
9. 결혼 하기 ☐
10. 부자 되기 ☐

아들의 버킷리스트

아들이 쓴 버킷리스트다. 이 중에서 지금까지 성취한 건, '엿 먹기'다. 표현이 그렇지만 우리나라 엿을 궁금해했고 그래서 사 먹더니 행복해했다. 그리고 나머지는 혼자 해야 하고 할 수 있는 것이라고 말해 주었다.

나도 이참에 버킷리스트를 써볼까, 한다.

수업 시간에 자는 아이

아이와 나는 종종 같이 예배를 드린다. 특히 금요기도회에서는 아이에게나 다른 사람에게 말하지 못한 그런 이야기를 하나님께 할 수 있어 이 시간을 기다린다. 이 시간이 되면 가장 솔직해진다.

가끔 아이가 어떤 기도를 하는지 궁금했었다. 내 기도에 집중하다 보면 상관이 없지만 유달리 아이의 기도가 크게 들리는 날이 있다. 요 며칠 아이가 하는 기도가 그랬다.

들으면 안 됐지만 들렸고 궁금해서 귀를 쫑긋 세우기도 했다. 자기 자신을 위해 기도하는 내용인 듯했다. 그런데 첫 기도가 이런 내용이었다.

"제가 수업 시간에 잡니다."

순간, 빵 터졌다.

뭐라고? 그리고 더는 내 기도를 할 수 없었다. 그래서 마치 일기장을 몰래 훔쳐보는 어미처럼 아이 곁에 티 나지 않게 붙어듣기로 작정했다. 속으로 나는 생각했다.

'설마, 가끔이겠지.'

그런데 아이의 기도는 더욱 간절한 외침으로 이어져갔다.

"수학 시간에도 자고, 국어 시간에도 잡니다."

'뭐라고??'

순간 내 귀를 의심해야 했다.

졸려서 가끔 자는 게 아니라 중요한 과목 시간에 잔다고? 아이는 계속 기도했다. 그것도 간절히. "수학 시간에도 자고, 국어 시간에도 자고… 미술 시간에도 잡니다. 모든 과목에서 잡니다."

나는 더는 웃을 수 없었다. '뭐야? 그 수업 시간에 맨날 뒤에서 자는 그런 아이??' 아이가 수업 시간에 잔다는 것을 한 번도 말한 적이 없었다. 문제 없이 학교를 잘 다니고 있다고 생각했지 다른 생각을 해 본 적이 없었다. 그렇다고 몰래 들은 기도를 가지고 탓할 수도, 궁금해서 물을 수도 없었다. 그저 아이의 기도를 훔쳐 들은 죄로 며칠 혼자 생각에 잠겼다.

내가 내린 결론이다.

'그래, 내가 하나님이 필요했던 것처럼 너도 누군가에게 솔직히 말하고 싶었는지 몰라. 그나마 다행이다. 그리고 나는 네가 나에게 말하지 않은 것들에 대해 묻지도, 걱정하지도 않을 거다.'

앞으로는 우리가 좀 거리를 두고 앉는 게 좋겠다.

그렇지 않으면 나는 또 아이의 기도를 훔쳐 들을지도 모른다.

학교 가 주는 게 어디야

어릴 적 나를 생각해 봤다. 내가 학교를 어떻게 다녔더라? 어떤 마음으로 아침에 일어났었지? 잠이 많던 나는 밥을 먹이려는 엄마와 항상 실랑이를 벌였던 것 같다. 배가 하나도 고프지 않았던 나와 자작 운동이 되어야 뇌가 움직인다는 단 하나의 이론만 기억하는 엄마와의 실랑이는 이른 새벽부터 시작됐다.

엄마는 말 그대로 밥을 주기 위해 나보다 더 이른 시간에 일어나 흰밥을 주셨다. 나는 흰밥보다는 볶음밥이, 밥보다는 간단한 빵이나 떡, 과일이 더 좋았는데 말이다.

아무리 말해도 엄마에게는 들리지 않았던 기억이 난다. 그래서 고등학교에 올라가서는 아예 그냥 아무 생각 없이 입을 벌렸던 기억뿐이다.

아, 맞다. 내가 좋은 게 꼭 아이에게도 좋은 게 아니지.

아들은 다행히 나보다 더 부지런하다. 그런데 아침에 무엇을 하나 보면 멍때리고 있다. 일찍 일어나서 책이라도 보면 좋겠다는 것이 흔한 부모의 마음일까, 욕심 많은 어미의 속내일까.

나보다 더 일찍 일어난 아이는 밥을 먹기를 거부한다. 열심히 밥을 차려주던 모습은 내 어미의 모습과 흡사했다.

그래서 나도 밥을 주지 않기로 했다.

정 배가 고플 때를 생각해서 밥은 항상 준비해 두지만 말이다. 거대한 몸을 움직이려면 뭐라도 들어가야 할 텐데 어떻게 아무 생각 없이 저렇게 학교만 갈까, 괜히 아침 일찍 일어나 학교에 가는 모습에 생채기가 난다.

사람의 욕심이란 끝이 없다. 가기 싫은 회사에 가야 하는 직장인처럼 학교라는 곳에 가는 것만으로도 감사한 일이라는 것을 되새기며!

... 고맙다. 학교 가줘서.

자리를 멀리 떨어져 앉는다

이렇게 사춘기를 보내야 하는 건가, 다 이런 건가 싶은 생각이 든다. 결혼하기 전, 내 주위 언니들은 나에게 종종 이런 말을 했다. 결혼해 보라고, 그러면 내 말이 이해될 것이라고.

나는 그 말이 참 싫었다.
뭐 어쩌라고.

결혼하고 나서 그 말이 무엇을 의미하는지 조금 이해가 되었다. 때로 어떤 말은 당장에는 이해가 되지 않아도 그렇게 표현할 수밖에 없는 말이라는 걸 알았다.

결혼하고 났더니 주위 사람이 또 이런 말을 했다. 아이 낳아 보라고, 신세계가 열릴 거라고. 왠지 핀잔 섞인 말처럼 들렸다.

나는 그들의 고통을 이해할 수 없었고 그럴만한 준비도 되지 않았다. 흔히 결혼한 사람은 결혼하지 말라고 하고, 결혼하지 않은 사람은 그게 무슨 말인지 모르는 상태에서 약간의 비아냥처럼 배부른 소리나 하고 있다며 일축해 버리곤 한다.

이런 말을 꺼내는 이유는 사춘기 자녀를 둔 부모가 해주는 말들도 앞에 대화처럼 전혀 그것에 대해 알지 못하는 부모에게는 위화감을 조성하거나 전혀 딴 세상의 이야기인 것처럼 견해차를 느끼게 하는 말들로 들릴 수 있기 때문이다.

그래서 나는 사춘기 관찰일기를 쓴다. 그저 아이와 있었던 일들을 단순하고 담담하게 기록함으로 누군가에게는 위협이 아닌 위로로, 그리고 또 다른 이에게는 예방주사와 같이 아이가 사춘기를 보낸다고 하더라도 너무 놀라거나 당황하지 말라는 말을 하고 싶어서다.

요즘 나와 아이는 같이 앉지도 않는다. 아이가 알고 그러는지 모르고 그러는지 모르지만, 긴 의자에서 아이는 이 끝에서, 나는 저쪽 끝에 앉는다. 예민한 나는 아이가 왜 저기 끝에 앉았을까, 여간 신경이 쓰이지 않는 게 아니다. 그래도 모른 척한다.

아이가 알고 그랬든 모르고 그랬든 이게 우리 두 사람의 현실

거리다. 같은 공간에 있어도 다른 생각, 다른 마음이다. 같이 있어도 같이 있는 게 아니다. 왜 저쪽에 앉냐고 묻지 않는다.

그 끝에서 아이는 편안함을 느끼는 것 같다. 못마땅해하는 나와는 다르게 아이는 편안해 보인다. 그게 아이와 나의 차이다. 나는 여전히 이 거리만큼의 차이가 불편한데 아이는 점점 멀어지려고 한다.

다른 관심, 다른 사람, 나보다 더 중요한 사람들이 많아지고 있다. 내가 하는 말보다 다른 사람의 말이 더 중요해진다. 내 말이나 관점, 경험은 저 멀리 발밑에 떨어져 있는 것 같은 느낌을 받는다.

하지만 알고 있다. 결정적일 때에는
부모의 가르침을 따라 결정할 것을 말이다.

실제로 삶의 자리에서 사춘기 아이와 살 때는 전혀 그것을 느낄 수 없다. 그래서 이것을 '느낌'이라 칭해본다.

아이가 저 멀리 앉았다가 내 옆에 앉았다. 나는 이런 몸부림에 큰 의미를 두고 있지만 아이는 전혀 생각조차 하지 못한다.

나는 기분이 나쁠 때 말은 못해도 얼굴에 티를 내고 있지만 아이는 내 얼굴이 왜 불편한지 전혀 느끼지 못한다. 이 말은 아이가 내게 무심한 것이 아니라 자신에게 그리 중요한 문제가 아니라는 의미이다.

나에게 중요한 것이 아이에게는 중요하지 않을 수 있다는 것. 나는 기다리지만 아이는 내가 기다리고 있다는 것을 모른다는 점.

그래서 사춘기가 시작되면 너와 내가 앉은 자리만큼 그 자리의 간격을 적정히 유지해야 한다는 것을 알아야겠다. 저 멀리 보는 것이 내 자리라는 사실을 부모인 내가 알고 인정하는 것. 그래야 내가 행복하다는 것도.

창피

아들이 학교 끝나는 길에 시간을 맞춰 데리러 갔다. 요즘 핫하다는 비니모자를 쓰고 깔맞춤이라도 한 듯 회색 니트 롱 모자티에 레깅스를 입고 나갔다. 그리고 아들을 만났다.

조금 같이 길을 가다가 아들이 말한다.

"엄마, 옷이 뭐 자다가 나왔어? 잘 좀 갖춰 입고 나오지."

순간 당황했다. 내 생각에는 편하게 입긴 했어도 나름 코디를 하고 나간 것이었기 때문이다.

아들은 아무 말 안 하는 나에게 계속 테러를 가했다.

"엄마, 나한테 나오려면 좀 제대로 입고 나와."

아무 말 않고 듣다 보니 이 녀석이 계속 망언을 한다. 대답 안 하는 게 낫겠다 싶어서 말없이 집까지 갔다.

이상한 분위기를 눈치챈 건지 아들이 말했다.

"엄마 상처받았어?"

드디어 내가 입을 열었다.

"아니."

아들에게 창피당한 것을 인정하기 싫어 "아니"라고 했지만 집에 와서 남편에게 고자질했다.

"얘가 나 창피하대."

아들이 말한 것이 객관적으로 맞는지 거울을 다시 봤다. 내가 볼 때는 괜찮은 것 같은데, 아들의 말이 이해가 안 된다.

문득 아이가 유치원 다닐 때 일이 생각났다. 집 근처에 유치원을 다닐 때도 아이는 내가 잘 차려입고 자기를 데려가 주기를 바랐었다.

괜히 아들을 데리러 나갔다는 생각이 든다. 아무도 화장하지 않는다고 뭐라 하는 사람이 없는데 유일하게 아들만 그렇게 말한다. 아들이라 그렇게 말할 수 있구나 싶다가도 이렇게 말하는 아들이 서운하다. 아들을 잠깐 보러 갈 때도 이제는 화장하고 나가야겠구나 생각하니 정말이지, 귀찮다.

하긴 나도 어렸을 때 아빠나 엄마가 어떤 옷차림이냐에 따라 부모님에 대해 부끄러워하기도 하고 자랑스러워하기도 했던 것 같다. 부모님의 사정 따위는 생각하지 못했다.

그렇게 배려하지 못한 사춘기 시절의 나처럼 아들은 지금 내 겉모습을 보며 나를 배려하지 못하고 있는 것 같다.

아이가 커가는 것은 사진으로

아이가 자랐는지 몰랐다.

맨날 보는 사이는 정말 모른다.

얼마나 컸는지 잘 모르겠다.

조금씩 조금씩 밤사이에 내리는 이슬처럼 금방 뿌리고 아침
에 쉬이 사라지는 것처럼 아이가 자란 줄 몰랐다가 옛날 사진을
보니 아이가 자랐다는 게 보인다. 그래서 부모는 객관성을 잃어
가나 보다. 왜 나이 많은 부모님들이 다 큰 손자·손녀의 사진을
보는지 조금 이해가 된다.

나도 아이가 방에 있지만 거실에 앉아 아이의 어릴 적 사진을
보며 흐뭇함을 느낀다. 하긴 얼마 전 사진을 보니 나도 몇 년 전
과 다르게 늙은 게 아니라 익은 듯한 모습이 보인다.

'나도 너도 사진으로 보니깐 시간이 많이 지났구나.'

아들의 얼굴을 보니 예전에는 많이 웃었는데

지금은 미간이 인상으로 굳어지는 것 같다.

아이가 크면 더 자주 사진을 보겠지만

지금 같이 있을 때 시간을 더 많이 보내야겠다.

사춘기 초기 시작을 알리는 징후

1. 냄새난다.

2. 비논리다.

3. 감정이 널뛰기한다.

4. 많이 먹는다.

5. 노려본다.

6. 문 닫는다.

7. 자기 것 되게 챙긴다.

8. 아무것도 아닌 일에 서운해한다.

9. 안 씻는다.

10. 시끄럽다.

11. TV에 나오는 뽀뽀 등의 애정행각을 어쩔 줄 몰라 하며
    다 본다.

12. 이성에 관심 있다.

13. 씻는 건 싫어하면서 향수 뿌린다.

14. 옷을 이상하게 입는다.

언제까지 학교 가기 싫을래

내가 있는 직장에는 1층에 유치원이 있다. 이번 주가 유치원 입학식이라고 한다. 어쩐지 낯선 울음소리가 들렸다. 1m도 안 되는 아이가 엄마랑 헤어지기 싫어 안간힘을 쓰고 있다. 10분을 넘게 울고 있다. '나도 저럴 때가 있었지.' 아이가 안 떨어지겠다고 말이다.

아직도 잊히지 않는 장면이 아이가 2살쯤 되었을 때였다. 겨울이었던 그날, 안양에서 수원까지 다닐 때였다. 새벽에 일어나는 일이 나도 고됐지만 잠들어 있는 아이를 김밥 말듯이 둘둘 말아 차에 태우고 시댁에 데려놓고 출근하는 일은 정말 힘들었다.

그러다가 어떤 날은 아이를 시댁 안방에 눕히고 돌아서는데 아이가 내 바지 끝자락을 잡고 말했다.

"엄마, 가지 마."

아이의 간절한 목소리와 곧이라도 눈물이 떨어질 것 같은 표정을 보니 마음이 참 안 좋았다.

"깼어?"

"엄마, 금방 갔다 올게."

"가지 마. 제발."

아이에게는 논리가 통하지 않는다.

"정말 미안해."

시어머니는 아이를 안고 "엄마 빠빠" 하고 인사를 시킨다. 아이는 내게서 떨어지지 않으려고 온 힘을 다했다.

지금 나가지 않으면 늦는다. 아이랑 떨어지기도, 회사에 늦어서 죄송하다고 인사하기도 정말 싫었다.

하는 수 없이 아이와 눈을 마주치며 "엄마, 이따가 올 때 선물 사 올게"라는 말로 아이의 마음을 살폈다. 아이에게 필요한 것은 선물이 아니라 엄마인 것을 알고 있지만 어쩔 수 없이 가야 했다.

지금 일어서지 않으면 다시는 일하지 못할 것 같았다. 아이에게도 지금이라는 순간이 너무 필요하겠지만 엄마와 직장인, 두 가지를 다 감당하려면 조금씩 포기해야 했다.

남편의 차를 타고 엉엉 울었다. '이게 뭐라고, 도대체 뭘 한다

고.'

그렇게 경력 단절이 되지 않으려고 동동거리며 한 번도 쉰 적이 없었다. 뭐 대단한 일을 이룬 것도 아니고 남길만한 것도 없다. 하지만 그때 그 순간을 아이는 아이 몫으로, 나는 나의 몫으로 잘 넘어가는 방법외에는 길이 없었다.

어제 아이가 개학했다. 하루 밖에 학교에 가지 않았는데 벌써 학교에 가고 싶지 않다고 한다. 겨우 하루 지났는데 말이다. 다 가라앉은 여드름이 얼굴에 다시 올라왔다. 빨갛게, 그리고 농후하게 된 여드름이 아닌, 이마 전체가 불그스름하고 큼지막하게. 호르몬 탓이겠지만 스트레스 같기도 하다. 가기 싫다고 하는 아이를 보니 마음이 안 좋다.

아이에게 학교는 즐거운 곳이 될 수 없을까?

옆에서 남편도 가기 싫다고 한다.

'누구는? 나는?'

나이가 든다는 것은

가기 싫어도 갈 수밖에 없다는 것을 아는 것일까?

아이 때문에 고민이 시작되었다.

어떻게 아이가 행복할 수 있을까?

아이의 요구대로 하는 게 도와주는 것일까?

아이가 배워야 할 것은 무엇일까?

만화광

우리 아이는 나보다 웹툰을 더 많이 본다. 내가 아이에 대해 잘 모르는 부분이기도 하다. 아이는 혼자 하는 게 많은 것 같다. 아이가 내게 말해주지 않았더라면 나는 아이가 그냥 평범한 아이라고 생각했을 것이다.

여기서 말하는 평범한 아이란 내가 생각하는 정도에서 크게 빗나가지 않고 학교에서 문제를 일으키지 않는 그냥 어른말 잘 듣는 그런 아이 정도로.라 생각했다.

누군가는 말했다. 사람이 평생 걸어야 할 길은 머리에서 가슴이라고. 이 말인즉, 내가 아는 것을 가슴으로 정말 안다고 하기까지는 그만큼 어렵다는 말이다. 다르게 설명하자면 내가 아는 것을 실제로 하기까지는 어렵다는 말이기도 하다. 그래서 언뜻 보면 45cm도 안 되는 이 단기간의 거리가 평생에 걸쳐 노력하고 내려와야 하는 거리인지 모른다.

아이는 방문을 닫고 혼자만의 시간을 갖는 것을 좋아한다. 자기 방에 들어갈 때는 노크를 꼭 하고, 노크를 한 후에 바로 방문을 열지 말라는 주의 사항도 주었다. 하긴 남자아이의 방이니 그렇게 해야 한다고 누군가에게 들었다.

그렇지 않으면
남자아이를 키우는 엄마는
깜짝 놀랄 것을 볼지도 모른다고 했다.

내가 자주 가는 미용실 선생님은 이런 말을 해줬다. 자기 엄마는 정말 강한 사람이어서 엄마랑은 말이 잘 안 통했다고. 그래서 엄마는 자기가 사춘기 때 방에만 있는 게 너무 싫어서 자기 방문을 뜯어버렸다고 했다.

세상에. 그런 엄마도 계셨다. 사춘기 아들의 방문을 뜯어버릴 만큼 강력한 엄마도 존재했다.

그렇게 생각하면 우리는 어쩌면 아이들이 사춘기를 보내는 그 시간에 대해 막연하나마 두려워하는 것 같다. 두려움을 어떤

이는 이렇게 방문을 뜯어버리기도 하고, 불안해서 문에 귀를 대고 무엇을 하는지 고민하는 사람도 있다. 어른의 두려움과 불안이 아이에게 고스란히 미친다.

나는 호기심이 많은 사람이다. 아이에 대한 것만이 아니라 세상이 어떻게 굴러가는지 사람들의 마음은 어떤지 왜 그런지 너무 궁금하다. 그래서 새로 출시된 신메뉴 음료는 꼭 사서 먹는 편이다.

하지만 나의 호기심이, 관심이 누군가의 성장에
방해될 수 있다면… 그것은 하지 말아야겠다.

아이의 방은 그냥 아이의 방이 아니라
아이가 자라는 방이다.
화분에 꽂혀 있는 식물처럼
아이가 보호받는 공간이다.

아이가 웹툰을 봤다는 것도 놀랐지만 어떤 작가가 지금 쉬고 있는지, 또 다른 작가는 일주일에 무슨 요일에 올리는지 다 꿰고 있음을 알고 또 놀랐다.

나는 아이에게 웹툰을 보라고 한 적이 없었다. 나는 아이에게

컴퓨터를 수업용으로 주었을 뿐 아이가 무슨 일을 하는지 몰랐다. 하지만 뭐라 하지 않았다. 위험한 만화가 있으리라 생각한다. 하지만 그렇게 억지로 아이를 보호해 주지 않고 그냥 자연스럽게 아이를 보는 것으로 만족하기로 했다.

나도 그때 생각하면
부모님 몰래 하는 일이 참 많았으니깐.

맞벌이하시던 부모님 덕분에 우리 집은 아지트였다. 내가 어렸을 때 동생은 오락실에 다녔고 우리 집은 성인 비디오를 가끔 보는 여중생들의 아지트였다. 그런 짓을 한두 번 했고 라면을 10개 정도 끓여 먹고 놀았어도 잘 컸지 않던가?!

그러니
나도 눈감아줘야 한다. ㅋㅋ

어른 노릇 금지

아들이 내게 해준 말들에 대해 생각에 잠긴다.

다 컸구나.

가끔 아이와 나눈 대화를 생각해 본다.

말로는 아이를 인정한다고 하면서도

머리로는 이 아이를 한 사람의 인간으로,

나와 동등한 수준의 인격체로 대하지 못하는 점이 많다.

내 눈에는 아직도 어린 시절 내가 안아주고 먹여주고 귀여워

해 주고 닦아주고 내 맘대로 가자고 하면 가고 자라고 하면 자

는…. 그런 아기의 모습을 꿈꾸는 것 같다.

그러나 아들의 말을 듣고 종종 꿈에서 깨어난다.

아들이 말했다.

"엄마 몇 가지만 부탁드려요."

"응…."

겁이 났다.

"저에게 어른 노릇 좀 줄여주세요."

어른 노릇? 표현 자체가 틀린 듯하다.

어색하다.

'어른'과 '노릇'이라니?

'감히, 네가 나에게…'

이런 마음도 올라온다.

단어에 또 빠져들면 그걸 가지고 싸우게 된다.

'아니지.'

정신을 차리고 아이에게 물었다.

"어른 노릇이 뭔데…?"

"이것저것을 하라고 하는 거요.

그것을 좀 하지 않으면 좋겠어요."

아이는 가끔 뜬금없이 고요한 나의 삶에 돌을 던진다.

어른 노릇이라는 말은 처음 들었지만, 이런 비슷한 말을 처음 듣는 건 아니다. 아이는 종종 잔소리가 듣기 싫다며 자기 방 밖으로 나를 밀어낸 적이 있다. 나는 이점이 항상 억울했다. 10번 할 잔소리를 줄이고 줄여서 하면 그것 가지고 이렇게 말하는 녀석이 야속했다.

내가 말했다.

"엄마는 네가 옷을 벗어놓고 하루 이틀 지나도록 바닥에 있는 게 싫어. 다 먹은 음료수는 네가 치우면 좋겠어. 점심시간이 다 돼도 씻지 않는 건 너무 한 것 아니니? 내가 얼마나 참고 너한테 말하는 건데."

아이는 이어서 말했다. "엄마, 나도 계획이 있어요. 내가 버리려고 했는데 엄마가 늘 먼저 말한다고요."

깜짝 놀랐다. 계획이라는 말에.

'아, 이 녀석도 계획이 있었구나.'

처음 알았다. 계획? 무언가를 할 때 그다음에는 무엇을 하고 또 있다가는 무엇을 할 것인지에 대한 일련의 순서 같은 것.

아차 싶었다.

'계획이 있었구나.

그럴 수도 있겠다.

너와 나의 타이밍이 다를 수 있겠다.

내가 너보다 좀 더 빨라서 답답해 보일 수도.'

아들에게 말했다.

"내가 바뀐다고 할 수는 없을 것 같아. 나는 지금까지 네 얘기를 듣고 정말 노력했거든. 그런데 나만 노력하면 안 될 것 같아. 네 방에 네 책상에 음료수를 먹고 두는 것은 얼마든지 괜찮아. 하지만 거실이나 주방에서는 안 돼. 바로 치워줬으면 좋겠어.

그리고 나도 정말 노력하고 싶어. 그런데 평생을 이렇게 살아서 잘 안 돼. 하지만 더 노력할 거야. 그러니 너도 엄마가 싫어하는 것을 좀 하지 않도록 너 역시 노력해 주면 좋겠어."

아이와 일단락 마무리했다.

그런데 마음이 좀 서운했다.

아이에게 나란 존재는 무엇일까?

나는 아이가 어떻게 자라기를 바라는 걸까?

나는 왜 아이를 믿어주지 못하는 것일까?

말하고 싶은 간지러움을 참고

보이는 것을 보지 않는 것처럼 살아가고

그냥 이 아이답게,

우리 집에서 사는 한 사람으로 받아들이는 것이

왜 이렇게 어려운지 모른다.

나란 사람이 가지고 있는 욕심을 가지런히 정리해 놓은 소파 위의 쿠션처럼 올렸다 내렸다를 반복하며 이 모양으로 했다가 저 모양으로 두었다가 다시 제자리에 놓는 느낌이다.

그래, 누군가의 말처럼 나도 엄마가 처음이지만

처음이라는 말에 숨거나 스스로를 속이지 말자.

한 사람의 인간으로 이 아이를 존중하자.

뭐라고 하지 말자.

잘살고 있으니깐.

잘하고 있으니깐.

나는 이 아이에게 어떤 엄마로 기억에 남고 싶은지를 생각한다. 잔소리하다가 멀어진 사이로 끝나고 싶지 않다.

자기를 믿어주고 노력하는 엄마,

잘 안되지만 참아주던 엄마.

엄마의 권리보다 인간으로 같이 살아가는 사람으로,

아이에게 남고 싶다.

아들이 말했다

실직 이후, 나의 주부 생활이 장기화되면서 작은 집에 아이와 함께 있다. 아침부터 잠이 들 때까지 다른 공간에 있다가 같이 모였다가 흩어졌다 뭉쳤다를 반복하면서 시간을 보낸다.

낮에 아들이 말했다.

"엄마, 엄마는 밖에 나갈 때 없어?"

뜬금없는 아들의 말에 놀랐다.

"왜…?"

내가 물었다.

"응, 나 좀 쉬고 싶어서."

아들은 내가 없어야 쉰다고 생각했다. 충격이다.

실은 나도 그렇게 생각하고 있었다. 아무도 없어야 내가 쉰다고 생각했다.

실제로 대한민국 주부들이 다 그렇듯이 나도 밥하고 빨래하고 청소하고… 혼자 있으면 한 끼 정도는 넘길 수도 있는데 집에 가족이 있으면 그것도 성장기에 있는 아이가 있으면 그래도 엄마가 챙겨주는 게 당연하니깐. 나도 쉬지 못하고 있다고 생각했다. 점심을 먹고 아이가 뜬금없이 한 질문에 조금 놀랐고 당황스러웠다.

장바구니 하나 들고 마트를 돌아다녀야겠다고 생각했다.

"엄마 3시간쯤 걸릴 거야."

아이에게 그렇게 말하고 옷 구경도 하고, 다이소도 갔다가 베이글 집에 가서 커피랑 베이글을 사서 먹었다. 아무리 돌아다녀도 2시간이 조금 넘는다.

춥다.

집에 가고 싶다.

다이소에서 사 온 과자를 아이 손에 주고 아이 눈치를 살폈다. 혹시라도 왜 이렇게 빨리 왔냐고 할까 봐….

근데 아이는 다행히 아무 말이 없다.

문득 신혼 때의 기억이 난다. 신혼 때는 정말 모든 것이 좋은 줄로만 알았다. 그런데 둘 다 학생 때 결혼해서 방학에 같이 있다가 보니 아주 힘들었다. 그냥 누군가와 같이 계속 있는 게 힘들었다.

내가 남편에게 그때 이렇게 물었다. "여보, 당신은 만날 사람 없어?" 남편은 내 의도를 전혀 눈치 못 채고 해맑게 말했다. "응. 없어. 왜?"

나는 남편을 위해 그때 헬스장을 끊어줬다. 몇 시간이라도 운동하고 샤워하고 오라고. 남편은 내 마음을 모르고 자기를 위해 헬스장을 끊어줬다고 무척 고마워했다.

그때 내 마음이 지금 내 아들의 마음이다. 약간 서글퍼지다가 내가 한 일이 떠올라 또 내 아들 맞는구나, 싶었다.

욕쟁이 엄마

잘하고 싶지만, 생각만큼 잘 안되는 게 있다면 그중의 제일은 엄마 역할인 것 같다. 생각해 보면, 나는 결혼보다 엄마가 되는 게 더 겁이 나서 결혼을 망설였다. 아이를 어떻게 키워야 하는지에 대한 지식은 있으나 왠지 아이를 키우면 상처를 줄 것만 같았다.

며칠 전, 아들과 또 한바탕 난리를 피우고 도저히 창피해서 잠을 청할 수 없는 날이 있었다. 별것 아닌 일인데 아이의 말투를 그냥 못 넘어갔다. 내가 생각해도 사람 질리게 말이다.

그런데 남편은 아무렇지 않게 넘어간다.

나는 안 되는 것이, 그는 된다.

무엇의 차이일까?

가만히 보면 남편을 대하는 아이의 말투와 나를 대하는 아이의 말투 역시 다르다. 그래서 나는 나에게 문제가 있다고 생각했다. 속으로 여러 번 참았지만 잘되지 않았다.

남편이 쐐기를 박았다.

'너는 점점 나이 들면서
너의 아빠를 닮아가는 것 같아.'

세상에서 듣기 싫은 말이지만
인정할 수밖에 없는 말이기도 했다.

"맞아."
힘들게 대답했다.

남편은 기다렸다는 듯이 말을 꺼낸다.
"너는 아이를 잘 챙겨주고 맛있는 것을 해주고 같이 잘 놀지만 아이가 지저분하게 노는 것, 아이의 말투가 거슬리는 것, 이런 것을 못 넘어가. 그래서 아이랑 부딪혀. 더러우면 어때? 아이

키우면서 그 정도는 하는 거지. 그리고 아이 말투가 다 그렇지. 그런 걸로 맨날 부딪히면 어떡해."

하나도 틀린 말이 없었다. 나도 내가 못 넘어가는 것 때문에 너무 속상하고 화가 난다. 그런데 내가 보여주는 모습이 내 어린 시절 아버지와 비슷하다고 인정하니 서글프기까지 했다.

술에 잔뜩 취해 돌아온 그는 새벽이든 언제든 잠들어 있는 동생과 나를 깨웠다. 그리고 지금 와 생각해 보니 군대 내무반을 순찰하는 상병처럼 아빠 다리를 하고 움직이지도 못하게 하고 당신의 그 술 냄새 풀풀 나는 이야기를 듣게 했고 대답하기도 싫은 말에 상냥하게 대꾸하기를 바랐다. 화가 나면 말투가 바르게 나오지 않는다. 말투가 중요한 게 아니라 마음이 더 중요하다.

그러면서 나는 내가 그렇게 증오했던 그 모습을 아이에게 술도 먹지 않은 체하고 있다. '엄마에게는 이렇게 해야지.'

아이의 인격을 박탈하고 아이의 마음이 어떻든 예의 바른 아이가 되라고 영락없는 괴물의 모습을 하면서 말이다.

설상가상 오늘은 아이에게 욕도 했다. 처음으로! (처음이라고 쓰는 건 이 글을 읽는 독자에게라도 원래 내가 그런 사람이 아니라는 것을 보여주기 위해 쓰는 기만인지도 모른다. 욕을 했으면 한 건데 무슨 처음이라고 쓰는지) 어쨌든 많이 하지 않았다는 말을 하고 싶다.

조금만 더 이유를 대자면, 나도 모르게 나온 욕이었다. 영어 리스닝에 익숙한 학습자가 영어로 말하듯, 욕에 익숙한 학습자가 욕을 내뱉는 건 그리 오래 걸리지 않는다. 내가 그랬다. 무저갱이 열린 것처럼, 잠재되어 있던 폭력성이 고개를 들었다.

아이는 상처받았고 나도 상처받았다.

상처 준 사람은 나인데 나도 상처받았다.

내가 나에게 그 정도밖에 안 되냐고,

그것도 못 숨기냐고, 아니 못 참냐고,

어디서 욕이냐고 내 심장을 또 후벼댔다.

밤새 잠을 한숨도 못 잤다. 내 입에서 그런 더러운 말이 튀쳐나왔다는 것보다는 그런 말을 하는 '나'라는 사람의 무너짐 때문에. 직면하고 싶지 않은 나라는 사람의 악함을 봐서다.

아이는 방에서 나가라고 나에게 소리쳤다.

속으로 말했다.
'그래, 잘했다.'

나는 너만 할 때 어이없이 욕을 하나도 아니고 열 개 이상의 욕 폭탄을 받아도 소리 한번 눈길 한 번 힐끗거리지 못했는데 당당하게 자기 공간에 들어오지 말라고 하는 네가 잘하는 것이라 말해주고 싶었다.

그렇게 쫓겨나 독방에 갇힌 듯 남편과 아이에게 외면당한 채 혼자 시간을 보내야 했다. 시간을 돌린다면 안 그랬을 것 같지만 이런 게 후회인 것 같다.

밤새 두려웠다.
아들에게 용서받지 못할까봐.
이렇게 해서 멀어진 부모와 자식 사이를 얼마나 봤던가.

아무래도 안 되겠어서 정신없이 편지를 썼다.

누구를 위한 일인지 몰라도 사과하고 싶은 마음이 컸다.

미안하다. 내가 잘못했다. 네게 한 욕을 내가 들어야 한
욕이다. 그렇게 싫어하는 욕을 너에게 한다는 게 이해가 되지
않는다. 내가 그런 모냥 들은만큼 잘못한 일도 없다.
앞으로도 그럴 것이다. 그 욕은 마땅히 내가 들을 소리이고
나는 네 엄마과는데 부끄러울만큼 안았하고 약한 사람이다.
상처를 줘서 미안하다. 욕은 구한다.
하지만 욕이가 어렵다면 먹시를 하나는 않아도 된다.
그러나 나는 내가 용서할 수 없다.
내가 약한 점이 어떤건지 안았다.
나는 꿈은 없마가 아닌 듯하다.
그러나 너는 그렇지 않다.
너는 꿈은 사람이다.
그리고 절고 누구에게 그런 말을 들어도 되는
사람이 아니다. 잘못했다. 정말 부끄럽다.

9.27.

"... 네가 누군가에게 그런 소리를 들을 만큼

잘못한 일은 없다. 앞으로도 그럴 것이다….

용서를 바라지만 할 수 없다면 하지 않아도 된다.

생각해 보니 아들 너는 내게 좋은 사람이다.

그리고 결코 누군가에게

그런 말을 들어도 되는 사람이 아니다."

뒤죽박죽 정리되지 않은 마음을 담아 아이에 방에 편지를 갔다 두었다.

다음 날 아침 아이가 학교에 가려고 일어났다. 이리저리 다닌다. 학교 갈 준비다. 더 자고 싶은데 잠이 안 온다. 이불을 둘러대고 얼굴을 가렸다. 죄지은 인간의 발악이다.

아이가 죽었는지 살았는지를 확인하듯 내게로 다가온다.
다시 한 번 심장이 절여온다.

잠시 뒤,
이불로 나를 감싸며 뽀뽀한다. 습관이다.
어제 우리 사이 안 좋았는데도 말이다.

"엄마 나도 미안했어요."

"아니야. 내가 미안해."

또 부끄러웠다.

나보다 네가 낫다.

고마웠다. 다가와 줘서.

그리고 또 무서워졌다. 내가 또 욕할까봐. 남편이 오늘 우스갯
소리로 기도 제목이 하나 생겼다고 했다. 말하지 않아도 알 것
같아서 물어보지 않았다.

나는 욕을 좋아한다. 아니, 잘한다.

아들의 게임

다른 아이들처럼 아들도 게임을 한다. 나도 게임을 한 적이 있었다. 초중학교 시절 오락실에서 버블보블, 비행기 게임에 정신이 팔려 오락실 덕후가 될 뻔했던 적도 있었다.

다행히도 오락실을 가지 못하도록 나를 잡아준 존재가 있으니, 그것은 사람이 아니라 돈이었다. 100원이 크게 느껴졌던 나는 500원을 헌금하라고 주셨던 어머니를 속여 몇 번 헌금을 100원하고 나머지를 오락실에서 탕진했었다.

그것도 모자라 나중에는 10원짜리에 테이프를 둘러 100원처럼 둔갑해서 오락실을 갔었다. 물론 이런 기가 막힌 수법은 꼼꼼하지 못한 내가 제작하지는 않고 옆에서 눈동냥 하는 나를 불쌍히 본 교회 오빠들의 묘책이었다.

예배가 끝나면 다들 오락실로 갔다. 그러다가 오락실 아저씨가 10원짜리로 그렇게 하는 것을 알고 몇 명이 잡힌 이후로 나는 오락실이 무서워져 가지 않았던 것 같다. 아무튼 오락실이라고 할 때 그곳은 요즘 아이들에게는 편의점 같은 공간이라 생각하면 좋을 듯하다.

어른들이 없고 아이들만 있는 곳.
아무도 뭐라고 묻지도 않고 잔소리하지 않는 곳.

편하게 시간을 보낼 수 있는 곳.
누구하고도 친구가 될 수 있는 곳.

나에게 오락실은 그런 곳이었다.

그런데 요즘 아이들은 손안에 오락실이 있다. 다행인지, 불행인지 몰라도 성인이 된 후에는 오락이라는 것을 한 적이 없다. 이게 문제라고도 생각한다.

한때 스타크래프트를 하고 밤새고 오는 친구들도 있었고 퇴근 후 같이 오락하려고 pc방을 전전하는 녀석들을 보며 약간의 부러움이 있었지만 어른이 된 뒤 나에게 오락실은 할 일 없어 보이는 애들이 하는 일 정도라고 생각되었다.

그런데 이런 내 정의를 와그락 무너뜨리는 것이 있었으니, 그것은 핸드폰 게임이었다. 어디를 가든 사람들이 게임을 하고 있다. 지하철이든, 버스든, 카페든…. 심지어(?) 그런 일이 없으리라 생각했던 우리 집에서도.

내가 꼴 보기 싫어하는 오락을
집안에 과반수가 하고 있다.
남편과 아이.

둘은 양옆에 앉아 한 시간 정도를 하는 것 같다. 아이가 태어나기 전에는 남편이 게임할 때 그것을 못마땅하게 생각했다. 종종 이것은 싸움거리가 되었다.

남편은 게임을 하면서 쉬는 것이라 했고 나는 왜 게임을 하며 쉬냐고 했다. 이해할 마음이 없었다. 그런데 둘이 그 짓(?)을 하고 있다. 비로소 내가 졌다.

하지만 아이와 관련해서는 그냥 넘어가면 안 된다고 생각했다. 이미 버린 몸인 남편과는 다르게 아이는 그것에 노예가 되면 안 된다고 생각했다. 그래서 아이와 상의하고 룰을 정한 것은 이것이다. 매일 1시간, 토요일만 6시간.

누군가는 적다고 생각할 수도 있고 누구는 많다고 할 수도 있다. 하지만 이 시간은 아이와 상의해서 정했다. 물론 아이는 때때로 만족하기도 하고 부족하다고 아우성을 치기도 한다.

여기서 중요한 팁은, 아이와 시간을 정하는 일이다. 얼마나 할지에 대해 아이가 이해할 수준이어야 한다는 것이 규칙을 정하는 것보다 더 중요하고 어려운 일이다.

그리고 아이가 다 했다고 하면 그것을 믿어주고 끝내는 것이다. 조금 더 자세히 설명하면 중간에 부모가 끼어들면서 "꺼라." 라고 말하지 않는 게 중요하다.

자기조절능력은

자기(self)가 키워야

효과가 있다.

왜 믿어주지 않나?

아이의 학교에서 전화가 왔다. 선생님이다. 아이 편에 보내 준 가정통신문의 내용을 확인하려고 전화한 거였다.

먼저 아이가 전화를 걸어 설명해 줬다.

"엄마, 학교인데. 내가 가정통신문 드렸는데."

"응. 그거 선생님께 말씀드려."

"아니, 그게 내가 말해서 안 되거든. 옆에 선생님 계시니깐 엄마가 말해줘야 해."

"왜 안돼?"

"학교가 그런 게 아니야."

학교 선생님 자리에서 걸었다는 것을 인제야 눈치를 챈 나는 우선 알았다고 하고 선생님의 전화를 받아 아이에게 한 설명을 다시 했다.

전화를 끊고 생각했다.

'아이의 말을 믿어주지 않는다.'

하긴 내가 학교 다닐 때도 그랬다. 심지어 구멍가게에서도 아빠 심부름으로 소주를 사러 가거나 비디오 가게에서 비디오를 빌릴 때도, 그리고 문방구에서 좀 비싼 걸 사려고 할 때도 우선 어른들은 의심부터 했다.

신뢰라는 것은 한 번에 생기는 것이 아니라 차곡차곡 쌓이는 것이라 할 수 있는데 어릴 때부터 어른들이 자기들의 말을 불신하는 것을 듣고 자란 아이들은 이다음에 어른들을 신뢰할 수 있을지 걱정이다.

비극이다.

가정에서 아이의 말을 믿어줘도

학교에서 믿어주지 않는다면,

반대로 가정에서 아이의 말을 믿어주지 않는다면?

최근 아이가 기분 나빠했던 것이 무엇이었는지를 생각했다.

"약 먹었어?"

"씻었어?"

"땀이야? 물이야?"

알아서 할 수 있는 나이임에도 불구하고 그것을 했냐고 묻는
것은 아이가 제대로 그것을 할 리 없다는 내 계산에서 생긴 일
이다.

아이가 어느 날 말했다.

"엄마, 내가 다 알아서 해요. 걱정 붙들어 매세요."

엄마의 불안이, 선생님의 불신이 작은 일에도 아이의 말을 경
청하지 못하게 한다. 신뢰를 경험해야 다른 사람을 신뢰할 수 있
다.

나는 세상이 어렵고 힘들고 무섭지만 그러나 세상이 또한 아
름다운 곳인 것을 알고 있다. 그리고 아이가 이 역시 다 볼 수 있
기를 바란다.

나는 안 되는 게 너무 많은 엄마입니다

하루 종일 방문을 닫아 놓은 채 있던 아들이 몇 번 문을 열고 나올 때가 있다. 거실에 있는 커다란 TV로 유튜브를 시청할 때, 밥 먹을 때, 씻을 때 정도다.

그리고 나는 아이가 나오는 시간에 맞춰 할 말들을 쏟아붓는다. 그러다 가끔 아이가 같이 영화를 보자고 한다. 그러면 나는 그게 싫다. 이유인즉, 내 시간을 빼앗기는 게 싫어서다. 그냥 내 시간을 갑자기 같이 쓰는 게 어렵다. 그게 배 아파서 낳은 아들이라고 할지라도 말이다.

그러다 문득 이런 생각이 들었다.

'나는 왜 이렇게 안 되는 게 많지?'

나는 대부분 아들에게 안 된다고 하는 것 같다. 밥 먹을 때 흘려도 안 되고, 목욕하고 젖은 몸으로 나와도 안 되고, 거실 흔들의자에 앉아 탁탁 소리를 내도 안 된다고 한다. 정해진 시간이 되면 자야 하고, 약속했으면 지켜야 한다고 생각한다.

가만히 생각해 보면
아들에게 안 된다고 하는 것은
내가 나에게도 안 된다고 하는 것들이었다.

별로 중요한 것도 아니고
분명 사랑도 아닐 테다.

남의 아이처럼 키우기

시간을 보내면 보낼수록 사춘기 아들이 눈에 걸리는 게 한둘이 아니다. 왜 자기 옷을 벗어놓고 저렇게 두는지 그래서 내가 자꾸 신경 쓰이게 만드는 건지. 왜 한다고 한 것을 하지 않고 자꾸 텔레비전만 보고 있는지 꼴보기 싫은 게 한두 가지가 아니다.

아이를 낳기 전에는 남편이 그렇게 못마땅했는데 남편이 출근을 하니 아들과 남은 나는 온종일 전쟁 중이다. 누구는 잘도 된다는 게 나에게는 참 힘든 일이다.

그래서 내가 부모 교육을 어떻게 했는지 생각해 봤다.

'그래, 남처럼 대하라고 했지.'

아들을 남처럼 보기 시작한다. 오랫동안 그렇게 할 수는 없지

만 지금 잠시라도 그렇게 보려고 한다. 남이라고 생각하니 신경
질은 여전히 나지만 말하지 못하겠다.

남의 아이다.
이 아이의 부모가 내가 이 아이에게 잔소리한 것을 알면
좋아하지 않을 게 분명했다. 아이를 잘 보라고 맡겼지,
아이에게 잔소리하라는 것은 아니니깐.
타자에게 맡긴 것은 교육이 아니다.
그냥 아이가 안전하게, 건강하게 잘 있게 보는 것이다.

언제 TV를 끄는지 화딱지 난 마음을 숨기고 방으로 들어가
버렸다. 실컷 보고 나서 양심이 집으로 돌아왔는지 아이가 이제
는 숙제하겠다고 한다.

'누가 물어봤나?'
어른이니 어른처럼 생각하고 행동해야 한다.
나도 저 나이 때는 잘 못 하는 것이 많았을 텐데
말이 많은 내 소리를 끄는 게 정말이지 어렵다.

사춘기 일기인지 갱년기 일기인지 모르겠다. ㅜㅜ

아이와 춤추기

아이와 같이 보내는 시간이 많다 보니 아이가 내게 얼마나 귀한 존재인지를 잊을 때가 많다. 문제가 생길 때는 아이랑 내가 얼마나 틀린 지에 집중하게 된다. 너무도 다른 게 많다. 먹는 것도 다르고, 보는 것도 다르고, 좋아하는 것도 다르고, 듣는 것도 다르다.

그런데 딱 한 가지! 음악이라는 공통점에 있어서는 취향이 비슷하다. 아이는 음악을 참 좋아한다. 나도 음악을 좋아한다. 하지만 음악이라고 해도 천차만별. 장르에 따라 다르고 개인이냐 그룹이냐에 따라 다르고 취향이 있어 달라질 수 있다.

그래도 어렸을 때부터 아이는 내가 선곡한 음악을 듣는 걸 좋아했다. 이제 장성한 아이에게 나는 반대로 아이에게 음악을 추천받거나 같이 음악을 들으며 의견을 나눈다.

요즘 아이가 좋아하는 가수는 Ed sheeran, Billie Eilish, Jason Mraz, Maroon 5다. 국내파 가수를 좋아하는 나와는 다르게 언제부턴가 아이의 취향은 밖으로다.

아이 덕분에 새로운 가수를 알고 아이가 추천한 음악을 들으며 가수들에 대한 이야기를 듣는다.

그러다가 필(feel)이 맞으면 그 누구에게도 보여줄 수 없는 막춤을 춘다. 누군가 보면 정신이 나간 엄마와 아이다. 그런데 이 모습을 아이는 아빠에게도 보여주지 않는다. 오로지 나에게만 보여준다.

그래서 나에게 이 춤은 특별한 듯하다.

너와 나를 잇는 춤.

그리고 그 춤이

막대기 같은 나를 움직이게 만든다.

하긴 아이를 낳기 전, 나는 더 경직된 사람이었다. 융통성은 찾아볼 수 없고 생각은 보수적이고 낯가림도 심했다. 하지만 아이를 낳고 시작된 강제적인 융통성은 나를 춤추게 만들었다. 내가 정해진 시간에 일어나도 나는 아이를 위해, 아이와 함께 하는 것 때문에 시간이 변경되기 일쑤였다. 그게 시험기간이든 중요한 프리젠테이션을 앞두고 있어도 말이다. 아이가 아프기라도 하면 모든 일은 여지없이 멈춰야 했다.

그때 알았다. 융통성은 내가 원래 가지고 있었던 게 아니라 아이 덕분에 생겼다는 것을. 그때부터 아이와 춤을 췄었던 것 같다.

내 맘대로 되는 게 하나도 없어서.

이게 정답이다!

그래서 춤을 추는 게 어렵지 않았다.

낮에는 그렇게 멀어져 있는 것처럼 느껴지던 우리 사이가 음악 하나로 가까워지고 있다.

아이도 예전처럼 그루브(groove)는 찾아보기 어렵다. 배가 나와서 그런 건가? 느낌이 나지 않는다. 그래도 어떤가? 우리 둘이 이렇게 신나게 춤을 추고 있으면 족하다.

춤을 추다 보니 우습기도 하고 둘 다 못 추는 춤사위에 왜 이리 진지한지도 모른 채 그래도 열심히 곡이 끝날 때까지 멈추지 않았다. 아이를 따라 추는 엄마의 노력에 아이는 환하게 웃는 듯하다.

이걸로 오늘은 됐다.

아이는 춤이 끝나고 다시 자기 방으로 돌아갔다.

하루에 하나씩, 왔다 갔다, 주거니 받거니 하면서

이렇게 쭈욱 지내면 될 듯하다.

방학이구나! 뭘 먹일까?

방학이 시작되었다.

흔히 방학이 시작되면 엄마들 사이에서 하는 말이 있다.

아이의 방학, 엄마의 개학이라고.

남자아이라서 그런 걸까? 하루에도 몇 번씩, 아니 여러 번, 냉장고를 열었다 닫기를 반복한다. 냉장고 안은 새로워진 게 없는데 아이의 기대인지 망각인지 정신없이 냉장고를 열고 있는 아이의 모습에 짜증이 밀려온다.

"그만 열어."

아이는 아무 말 없이 냉장고 문을 세게 닫는다.

아이보다 더 오래된 냉장고는 힘없게 아이의 감정을 받아주는 듯하다.

아침, 점심, 저녁.

밥을 잘 먹는 것은 큰 축복이지만 삼시세끼를 다른 메뉴로 받아먹기를 원하는 아들의 식성을 따라가기에는 역부족이다.

어떻게 해야 할까?
한 끼는 빵, 한 끼는 면류, 한 끼는 밥.
한 끼는 분식, 한 끼는 샐러드, 한 끼는 밥.
한 끼는 배달 음식, 한 끼는 밥.

밥 먹는 것을 잘 먹으면 우리 아이는 멋진 피드백을 해준다.
"엄마, 잘 먹었습니다." 음식에 있어서는 진심인 편.

심심하다고 하는 아이를 위해 미리 사둔 밀키트를 꺼내서 아이에게 건넸다.

"이거 나도 안 해 본 건데

여기 나온 대로 하면 될 것 같아."

아이는 배가 고프다며 밀키트를 집어 들었다.

성공!

옆에 있으면 아무래도 또 잔소리할 듯 해 방으로 들어가 버렸
다.

주방은 난리가 났다. 기름에 튀기는 소리와 아이의 비명이 들
린다. 기름이 손에 튀었나 보다. 조금의 걱정은 되지만 이어지지
않는 것을 보니 괜찮은 듯하다. 괜찮을 거란 생각이 드니 치울
주방이 걱정된다. 어차피 치워야 한다면 모른 척하자고 마음먹
는다.

오늘의 음식은 '분짜'. 아이를 위한 음식이라기보다는 내가 먹고 싶은 음식이었다.

잠시 뒤, 아이가 완성했다며 나를 부른다. 아이 혼자 먹어도 부족할 양이다. 모양은 그럴듯했다. 맛은… 정말 좋다. 두세 번 쬐금 먹는 둥 하고 배부르다고 했다. 더 먹고 싶은데 그러면 안 될 분위기다.

이렇게 잘 할 줄 알았다면 양을 좀 더 큰 걸 살 걸. 앞으로는 밀키트로 아이를 잘 꼬드겨 음식을 하라고 해야겠다.

아들이 아닌 나 때문에 돌겠다

말 한마디 했을 뿐인데 열 마디 한 것처럼 난리를 피운다. 날씨도 덥고 짜증이 난다. 게다가 오늘은 아들의 책을 찢었다. 미친 여자가 된 것처럼 아들이 알아서 한다는 말에 화가 나서 확인하겠다고 책을 보다가 무너졌다. 알아서 하겠다는 말은 거짓말이다. 한 달 동안 한 것을 봤는데 안 한 게 수두룩했다. 그동안 하나도 하지 않으면서 거짓말을 했었다.

거의 하지 않은 책을 보며 한 장씩 아이 앞에서 책을 찢었다. 알아서 한다는 것이 이것이냐고.

아이는 그제야 무릎을 꿇는다. 잘못했다고 싹싹 비는 데 가도 너무 갔다는 자책이 몰려오는 순간, 나는 이미 선을 넘었다. 배운 여자. 신앙인. 나를 둘러싼 수식어는 하나도 생각나지 않았다.

그저 아이의 말이 얼마나 틀렸는지를 따지며 내가 얼마나 너에게 참아줬는지를 인정받으려 하면서 아들 앞에 있는 엄마의 선을 가볍게 넘어 버렸다.

모든 순간이 잠잠해진 뒤, 정리를 하기 전 나를 객관화하기 위해 사진을 찍었다. 쪽팔림을 무릅쓰고 이렇게 사진을 올리는 것은 부끄러움을 몰라서가 아니다. 누군가를 위로하기 위해서도 아니다.

오늘을 잊지 않으려고 사진에 남긴 것뿐이다.

아직도 수준이 되지 않아서

이 정도로밖에 반응하지 못하는

나의 어리석음을, 악함을 보여주기 위해서다.

퇴근한 남편에게 아무 말도 할 수 없었다. 아들과 나는 말하지 않았다. 남편은 낮에 우리가 무슨 일이 있었는지 모른다. 아들과 나의 비밀 한 가지.

결국 나는 아들에게 사과해야 했다. 시작은 아들 때문인 것 같으나 결국은 내 문제로 끝난 이 일을 억지로나마 마무리하기 위해 아들에게 이번엔 내가 무릎을 꿇었다.

그런데 아들의 반응이 기가 막히다. 나보다 훨씬 나은 아들은 못난 어미를 일으켜 세우며 자기가 잘못한 것이라 말한다.

오늘 나는 내 자신에게 또 졌다.

밥맛도 없다. 먹을 자격도 없다.

그러나 다음에는 이렇게 하지 않을 것이다.

엄마를 무시하면서부터 사춘기가 시작된다

남자아이들이 사춘기가 되면 이상해지는 게 하나 있다. 유독 엄마를 무시하는 일. 어찌 보면 그들은 이기려고 하는 것이라고 할 수도 있고 아니라고 발뺌할 수도 있다.

가만히 생각하면 아들의 사춘기는
나를 무시하면서부터 시작했던 것 같다.

무시라고 해서 인격적인 모욕의 수준은 아니고 가벼운 장난, 약간 기분 나쁜 정도의 수위를 오가며 내가 하는 말의 사실 여부를 판단하는 정도라 할 수 있다.

자존감이 약한 나로서는 아들의 꼬락서니를 보다가 화가 나서 소리를 지른다.

최근에 아주 쉬운 영어 단어를 가지고 아이가 나를 무시했다. 내 발음이 안 좋은 건 나 역시 잘 알고 있다. 일제 강점기를 살진 않았지만 일제 강점기에 교육받은 노 할아버지 교사에게 배운 중학교 영어가 뭐 그렇지 않냐며 추억을 소환했다. 해외에서 영어 한 번 배우지 못한 내 발음이 뭐 그렇지, 하면서도 아들이 나를 무시할 때면 정말 숨고 싶다.

너의 버터 나는 발음은
내가 힘들게 번 노동의 값이고
너의 살림 밑천에 도움이 되라고 공부시킨 것으로
나를 무시하고 평가하는데 쓰라는 건 아니었다.
정말이지 얄미운 정도를 넘어서 화가 났다.

정상적인 컨디션일 때야 뭐가 문제랴. 아이의 사춘기를 맞이하는 엄마의 감정선은 이성의 뇌가 잠시 휴가 중이고 감정의 뇌가 아이처럼 널뛰기처럼 뛰어오른다.

결국 영어 단어 검색 하나면 끝나는 일이 아이와 말싸움으로 번지며 고성방가로 이어지고 말았다.

옆에서 보던 남편이 한 마디 거든다.

뭘 그렇게 이기려고 하냐고.

남편의 말이 더 얄밉다.

편을 들어달라는 것은 아니지만 엄마에게 함부로 하지 말아
달라는 말을 하지 않은 게 서운했다. 그렇게 아무것도 아닌 밝
히기도 멋쩍은 영어 단어 하나로 우리의 화목한 저녁은 화투 놀
이에서 판이 무효가 되는 것처럼 엉망이 되었다.

아들이 방문을 닫는다

사춘기가 시작되면서부터 달라진 점이 있다면 아들이 혼자 있는 것을 좋아하게 된 것이라 할 수 있다. 나는 그게 서운하고 아들은 그것을 편하게 생각한다. 누군가의 수많은 말들처럼 나에게도 이런 일이 생기니 편하기도 했다가 속이 상할 때가 있다.

어떤 날은 방에서 거의 나오지를 않는다. 설상가상으로 아들은 자기 방에 냉장고가 있으면 절대로 방을 나오지 않을 것이라고 말한다. 자기 방에서 냉장고까지 어른 걸음으로 다섯 걸음 정도밖에 되지 않는데도 자기 방문을 여는 것이 어려운가 보다.

닫힌 방문을 보며 아이의 마음이 이 상태일까봐 겁이 난다. 겁이 나서 나는 방을 들어가고 싶고, 아들은 어떤 이유인지 알려주지 않은 채 방문을 닫고 있다.

청소년 강의를 숱 차례 했어도 청소년들이 하는 행위를 이렇게 눈으로 보니 그동안 고생했을 부모의 마음과 삶에 내가 한 강의가 어떤 위로와 도움이 되었을지 생각하게 된다.

콩나물이 잘 자라려면 검은색 봉지를 씌워주어야 한다.
아들이 방문을 닫은 것은
검은색 봉지를 자기에게 입힌 것과 같다.

아들은 지금 자라는 중이다.
자기 자신과 치열한 싸움을 하고 있는지도 모르겠다.

물론 내가 볼 때는 어이없는 유튜브 동영상과 틱톡에 나온 동영상 시청, 게임과 신변잡기적인 놀이 등이라고 할 수 있겠지만 내가 보는 것이 전부는 아니라고 생각한다.

아들이 방문을 닫고 있으면 짜증이 나지만
잘 자라기를 바라며
문 앞에서 나오기를 기다린다.

그때는 안 보이고 지금은 아는 것들

아들이 또 다이어트에 들어갔다. 또, 시작이다. 벌써 몇 번째 인가? 요요가 생긴다고 해도 안 듣는다.

하긴 나도 평생을 다이어트 했으니 아들은 얼마나 더 오랜 시간을 해야 할까? 먹는 것을 좋아하는 이 아이는 먹는 것을 좋아하는 것만이 아니라 많이 먹는 행위 자체도 좋아한다.

그런데 아침에 먹는 것 때문에 부딪혔다. 밥을 안 먹겠다는 거다. 그러면 아예 안 먹겠다는 건가? 그건 아니고 반찬만 먹겠다는 말이다.

밥이랑 같이 먹도록 양념을 했기 때문에 그냥 먹으면 짜다. 짜니 물을 크게 한 컵 먹는다.

이게 뭔가?

불고기를 먹고 그렇게 물 한 잔 마시면 소고기뭇국인가? 고기만 먹는 것도 아니고 반찬만 먹고 밥을 먹지 않으니 살이 빠지기는커녕 나트륨 때문에 몸이 부어오르는데 내 말을 들을 리 없다.

다이어트 고수인 나에게 배우지는 않고 자기 말만 한다. 야채도 좋아하지 않고 육식남처럼 고기만 먹고 있는데 정말 미치고 팔짝 뛰겠다는 생각에 화가 났다.

왜 내가 말하는 것은 듣지 않는 걸까?

'그렇게 하려면 내가 만든 음식 먹지 마!'

굴뚝같이 치솟아 오르는 말을 꾸욱 참았다.

그렇게 하면 살이 빠지지 않는다는 걸 언제나 깨달을까?

그래서 아이를 키울 때 혼자 키우는 게 아니라

주변 사람들의 도움이 필요한 것 같다.

내가 맞는 말을 해도 아들은 내가 아닌 다른 사람이 하면 처음 듣는 말인 양 듣고 감탄을 하니 어이가 없지만 이게 어딘가 싶은 생각에 주변 어른들에게 이 아이를 부탁한다.

"이렇게 좀 말해주세요."

아침에 한껏 올라온 혈기를 가라앉히니 새로운 결심이 샘솟는다.

반찬을 싱겁게 해야겠다.

사랑의 마지막은 불쌍히 여기는 것

아들이 목이 아프다고 그랬다. 학교 가기 전, 자가검사를 했는데 음성이다. 아무래도 이번 코로나 증상이 목 아픔이라고 했는데 그냥 학교를 보낼 수 없었다. 학교에 가지 말고 쉬라고 했다. 오전 내내 방에서 무언가를 하는 것 같더니만 오후가 되니 침대에 누워 꼼짝을 못 한다. 다시 자가검사를 하니 또 음성. 두 번이나 음성이지만 아무래도 느낌이 안 좋아 병원에 갔다. 양성. 코로나 확진이다.

아이는 자기 때문에 가족들이 코로나 걸리는 거 아니냐며 펑펑 운다. 손도 못 만지게 하고 커다란 산과 같은 몸을 겨누지 못하고 병원 바닥에 주저앉을 만큼 아파하면서도 나를 생각한다.

아이가 아프니 정신이 하나도 없다. 열이 39도까지 오르고 먹고 토하고 자다 토하기를 반복한다. 빨래를 몇 번을 돌리는지 모른다. 이게 자가격리인지 모르겠다.

그러나 불쌍한 아이를 생각하면 방문 하나 차이로 얼굴을 볼 수 있다는 게 또 얼마나 위안이 되는지 모른다.

아픔은

가족을 하나 되게 만든다.

사건은

우리에게 제일 중요한 게 무엇인지를 밝혀준다.

우리에게 중요한 존재는 너다.

바로 너, 그리고 너에게 필요한 존재는 우리다.

그래서 생각했다.

사랑은 서로를 불쌍히 여기는 마음,

우리에게 지금 있는 이 마음.

그것이 사랑의 가장 상위 단계가 아닐까.

기억하기, 간직하기

매년 꼬박 하는 일이 있다.

아이 사진 정리하기.

아이가 태어날 때부터 지금까지 1년 혹은 2년에 한 번씩 포토 북을 만들고 있다. 아이가 2-3살 때나 5살 때는 찍어둔 사진이 너무 많아서 편집하는 데 시간이 오래 걸렸다면, 이제는 사진이 별로 없어서 고민하느라 시간이 많이 걸린다.

아이는 종종 집에 손님들이 오거나 또래 친구들이 집에 오면 자기 앨범을 보여준다. 나는 그런 목적으로 만든 것은 아니다. 아이가 대학에 가고 혹은 취업하게 되어 멀리 갈 때 아니면 결 혼하고 아이를 낳게 될 때 그때 아이가 보고 싶을 때 꺼내 보기 위해서 만든다.

그러므로 지금에 이 앨범들은 잠시 빌려준 것이다.

장가갈 때 가져갈 수 있는 게 아니다.

너의 본집에 와서만 볼 수 있는 것이다.

그리고 또 다른 이유가 있다면, 너와 내가 감정이 좋지 않을

때, 내가 너를 미워하는 일이 생길 때, 그때 도무지 기억해 낼 수

없는 그런 순간을 위해 만들어 둔다.

앨범은 비상식량과 같다.

감정에 대한 비상금을 송금해 둔다.

너와 나도 이렇게 웃고 같이 여행 다니고

행복하게 돌아다니던 때가 있었음을

이 엄마가 나이 들어도 잊지 말아 달라고.

그리고 꼴보기 싫을 때도

내가 너에게 이렇게 한 것을 증거 삼아

같이 밥 먹고 이야기하고

다녀주기를 바라는 그 마음이다.

이것은 그렇게 부탁할 때 쓸 무기다.

누구를 닮았겠냐?

동생네 식구들과 6주를 보내면서 우리의 민낯이 그대로 드러났다. 우스갯소리지만 그 사람을 알려면 한 달은 같이 살아보라고 말하고 싶다.

아들은 조카들과 잘 지냈었다. 특히 나에게는 여자 조카인 그녀석에게 아들은 정말 스윗하게 잘해준다고 생각했었다. 우리도 그런 줄 알고 있었다.

그런데 같이 살면서 아이가 조카를 대하는 태도가 달라졌다. 동생에게 소리 지르고 무섭게 말하는 것을 알게 되었다. 엄마인 내가 전혀 몰랐다고 한다면 거짓말일 테다. 대충은 알고는 있었다. 다만 동생에게 그럴 줄 몰랐던 게 사실이다.

그래서 그랬는지 우리 집에서 가끔 1박 2일로 자고 가거나 2박 3일로 자고 갈 때의 아쉬움이 서로에게 보이지 않았다. 그래서 생각해 봤다.

우선 진짜 가족이 되어서다. 가끔 만나는 관계는 가족이라고 해도 손님이다. 몇 시간만 참으면 되거나 며칠만 참으면 된다고 생각하기 쉽다. 그래서 안 좋은 모습을 보여줄 기회가 별로 없다. 그런데 한 달 이상을 같이 살다 보면 밥은 얼마나 먹는지, 옷은 뭘 입는지, 화장실은 몇 번 가는지… 사소하면서도 쓸데없는 것들까지 저절로 알게 된다.

둘째 이유는 아마 다른 집에서 잠시라고 하지만, 잠시 아닌 시간을 보내며 아이에게 스트레스가 있었을 것이다. 아이만이 아니라 조카들에게도 마찬가지였으리란 생각이 든다. 그래도 심각한 상황으로 번지지 않아 나름대로 고마웠다. 모두 불편하고 어려웠을 텐데, 정말 하지 말아야 하는 말들은 해주지 않아서 고마웠다.

셋째, 이 이유가 가장 클 텐데 나를 닮아서 그렇다. 나는 분노가 있다. 내면에 가득한 분노다. 내 아들이 조카에게 화를 내는 모습은 내 모습이다. 그래서 나는 할 말이 없다.

아들에게 왜 그랬냐고 물으니 자기가 화낸 모습보다는 상대방의 잘못을 말한다. 기가 막히게 머리를 굴린다. 실제로 아이는 그렇게 믿고 있는 듯하다.

하지만 그 어떤 이유라고 해도 소리를 지르거나 화를 내는 것은 아니었다. 아이를 관찰하면서 일기를 쓰는 것은 나를 관찰하는 일기가 된다.

그의 모습에는 내가 있다.

아들은 우스갯소리로 무슨 문제가 있으면
엄마 닮았다고 한다.
아들의 분냄을 보며 나를 읽는다.

아이에게 말 시키지 말기

내가 아이와 부딪힐 때가 언제인지를 생각한다. 내가 기분이 좋아 아이랑 얘기하고 싶을 때 아이의 반응이 시큰둥하면 마음이 상한다. 내가 말 시키면 아이는 말하지 않는다. 아이가 말 시킬 때만 말을 한다. 이상한 법칙이다.

그래서 생각했다. 아이는 지금 인큐베이터 안에 있다. 그래! 나를 위해 그렇게 생각하자. 인큐베이터라는 심리적 공간에서 성장 중이다. 누구의 도움이 필요하지 않고 그 안에서 잠도 자고 먹기도 하고 배설하기도 한다. 음악을 듣기도 하고 무언가 배우기도 한다.

그런데 나는 아이가 보고 싶어 자꾸 인큐베이터 밖으로 꺼내려고 한다. 위험하다. 조심해야 한다.

나는 보고 싶고 아이는 보고 싶지 않아 한다.

나는 꺼내려고 하고
아이는 가기 싫어 발버둥을 친다.

아이가 방문을 닫으면 무엇을 하는지 궁금하다. 그래도 한 가지 기억해 내려고 애쓰는 사실은 그는 남자, 나는 여자라는 것. 나는 아이를 다 이해할 수 없다.

아이와 대화하려면 닫힌 방문을 열어야 한다. 그냥 벌컥 열까, 노크하면서 열까? 아니면 엄마라고 말하면서 동시에 열까?

사소한 것 하나에도 신경이 쓰인다.

벌컥 문을 열던 내가 신경을 쓰며 문을 열기 시작한 건 사춘기 남자아이라는 사실을 기억해 내면서부터다. 방문을 열고 아이를 살핀다. 도대체 몇 시간째 무엇을 하는지 궁금하다. 가끔은 아이가 집에 있는지도 잊어버릴 지경.

사춘기 엄마들의 공통 사항이다. 문제는 말하고 싶지 않은 아이에게 자꾸 말 시킨다는 것. 상처받을 줄 알면서 말이다.

그래서 아이와 아무 문제가 없을 때 많은 얘기를 저축해 두어야 한다. 급할 때, 돈이 필요할 때 저축한 돈이 요긴한 것처럼 아이와 문제가 생기기 전, 아이가 나를 노려보기 전, 아이에게 어떻게 저런 표정이 나올지 싶을 때, 상처받지 않으려면 그나마 우리 사이의 저축이 필요하다. 필요할 때 인출해서 급히 메꿀 수 있는 것처럼 대화가 잘 통할 때 얘기를 많이 들어줘야 한다.

요즘에는 어떤 것을 보는지? 이 음악은 어떻게 생각하는지? 이 음식은 어떻게 먹으면 되는지? 영양가 없어 보이는 이야기들이다. 그것보다 더 깊이 들어가고 싶지만 들려주는 만큼만 듣는다.

그래도 가끔 소스를 뿌리듯 아이에게 궁금한 이야기를 살짝 찔러 넣는다. 새로 간 학교는 어떤지? 친구들은 괜찮은지? 수업은 따라가기 힘들지 않은지.

부모가 된 이상 약자의 반열에 들어선 것이다.

약자 중의 약자,

너를 낳은 죄, 너를 사랑한 죄….

어떤 이유든 말을 걸면 눈치가 보인다.

아이는 방학 중, 나는 고문 중

아이가 방학했다. 방학, 정해진 스케줄 없이 자기 마음대로 시간을 사용할 수 있는 날들. 늦게 일어날 수 있다는 최대 장점. 집마다 다르지만 방학에는 좀 늦게 자는 것도 괜찮다.

아침 일찍 일어나는 게 참 어려운 시절이 사춘기 때다.

아침잠이 많은 게 잠이 부족해서인지 하루 종일 해야 할 일이 싫어서 눈을 뜨지 않는 건지, 그것도 아니라고 한다면 호르몬의 영향 때문인지 모르겠지만, 아무튼 노인과 젊은이의 가장 큰 차이는 아침에 일찍 일어나는 게 힘드냐 그렇지 않으냐의 차이인 것 같다.

아이는 그렇게 방학을 기다렸다. 유치원 다니는 조카는 형과

누나가 자는 모습을 보면서 몹시 부러워했다.

"5분만요."

내가 사춘기 때 자주 사용했던 말이다.

"엄마, 5분만, 10분만…"

밥 대신 잠이 더 고팠던 나와 밥을 먹어야 아침에 머리가 굴러간다고 굳게 믿던 엄마와의 실랑이는 이때부터 시작됐다.

그래서 나는 엄마처럼 하지 않으려고 한다.

머리가 굴러가지 않더라도 너의 선택을 존중하련다.

늘어져 자는 강아지를 보고 있었는데 아이가 내 마음을 읽은 듯 "내가 강아지면 좋겠다."라는 말을 아이가 했다.

'무엇이 그렇게 힘드니?'

아이를 보며 생각한다.

'아침에 눈을 뜨고 싶지 않을 만큼

너의 삶을 짓누르고 무겁게 하는 것은 무엇이니?'

어른이 된다는 것은

눈뜨고 싶지 않아도

내가 책임져야 할 사람들을 위해

꾸역꾸역 하루를 시작하는 일이라 생각했다.

아이도 아이의 몫을 감당하기 위해 힘이 드는 거로 생각했다. 그런 면에서 너와 나는 비슷하다. 다만 주변에 너처럼 "5분만요."라고 부탁할 사람도 없고 짜증을 낼 사람도 없는 그래서, 사춘기인 너에게 위로받고 싶은 불쌍한 나다.

방학한 지 이제 2주 차다. 냉장고 파먹기를 어느 정도 했으니 오늘은 다른 걸 먹여야 하는데⋯ 너무 많이 먹는다. 너란 녀석. 잘 먹어도 고민, 안 먹어도 고민.

드디어 아들이 나에게 욕하다

생각하기도 싫은 일이 나에게 일어났다. 이런 일은 한 번도 생각한 적이 없었다. 잘 자라고 있다고 믿고 싶었다. 오늘도 별일이 있었던 건 아니었다.

그런데 아들은 내가 없는 줄 알고 지나가며 욕을 했다. 처음 들을 때는 설마 싶었다. '아니겠지, 잘못 들었을 거야.' 두 번째 욕을 하기 전까지 그때까지 남편과 나는 방에 같이 있었다.

또 들었다. 남편이 아들에게 물었다. "너, 지금 뭐라고 했어?" 아들은 그제야 정신을 차린 듯 말했다. 우물쭈물. 짧은 시간에 일어난 일이었다.

정신을 차려야 하는 것은 나라고 생각했다.

예전 같았으면 아마 무너졌을 것이다. 어떻게 이런 말을 할 수 있냐고 아마 난리를 피웠을 것이다. 나는 그렇게 말할 자격이 있다고 생각했을 것이다. 그러나 이제는 아니다. 이 문제를 냉정하게 잘 살펴야 했다.

왜 그런 욕을 엄마에게 했는지 물었다. 아들은 깜짝 놀라 무슨 뜻인지 모르며 했다고 했다. 예전 같았으면 아마 남편은 몽둥이를 들고 때렸을 것이다. 잘못한 일이니 그렇게 해야 한다고 가르쳤을 것이다.

하지만 이제 아이는 정말 사춘기다.

자기가 무엇을 잘못했는지 정도는 알 나이가 되었다.

그러나 아쉽게도 정말 그 욕이 어떤 뜻인지는 모르는 것 같다. 아이에게 욕을 듣고 속이 상하고 부끄럽고 슬펐지만 너의 그런 행동에 실망했다는 말만 했다. 딱 그 말을 하고 자리를 떠났다. 우선 울지 않았으니 됐다고 생각했다. 그리고 때리거나 난리 피우지 않았으니 성공이란 생각이 들었다.

이렇게 하려고 부단히 노력했다. 그런데 무엇보다 나의 전략은 우선 자리를 피해야 한다는 생각뿐이었다. 아이에게 모멸감을 느껴서라기보다는 더 이상 실수하고 싶지 않았다.

아들은 어쩔 줄 몰라 하며 방에 들어갔다. 가르침의 타이밍을 놓치면 안 될 거란 생각이 들었다. 그래서 내가 정말 원하는 게 무엇인지를 생각했다.

우선 나는 내가 어른스럽게 행동하기를 원하고 있었다. 그리고 이 일로 치사해지거나 옹졸하게 대처하지 않고 싶었다.

원래 나는 몹시도 치사한 엄마다. 아이가 나쁜 말을 하면 당연히 그에 응당한 값을 치러야 한다고 생각하는. 그리고 함무라비법전처럼 눈에는 눈, 이에는 이다. 즉각 응대할 수 있는 건 모두 다 꺼내는 스타일이었다. 아이가 아무리 좋아하든 필요하든 모든 것을 몰수하는 그런 사람. 그러나 이 모든 게 아이를 위한 일은 아니란 생각이 들었다.

내 힘으로 할 수 있는 일들을
'마땅히' 하지 않음으로
힘을 빼는 게 가르치는 것이란 생각이 들었다.

잠시 뒤, 아들은 자기가 잘못했다고 말하려고 찾아왔다. 사과를 받아주지 않더라도 자기가 잘못한 것을 전하고 싶다고 했다.

아무렇지 않게 대할 수는 없지만

어른처럼 대해야겠다고 또 마음을 먹었다.

우선 지금은 받아줄 준비가 되어 있지 않다고 말했다.

시간이 필요했던 건 사실이었다.

나는

아이에게 욕먹는 엄마다.

그래서 진짜 엄마가 되고 있는지 모르겠다.

우리 아들은 모든 면에서 나보다 빠르다.

부모를 욕하는 것도.

나도 그런 적 있었다.

그리고 후회했다.

녀석도 언젠가 후회하기를, 뉘우치기를 바란다.

돈은 수치를 준다

아이가 학교에서 배우는 것 중의 하나는 돈에 대한 관점일 테다. 아이의 친구가 타워팰리스 비슷한 곳에 산다고 얘기했다. 그렇게 부자 친구인 줄 몰랐던 아이는 충격을 받은 듯하다. 학교를 갔다 오고 나에게 무슨 대단한 소식이 있는 것처럼 말한다.

"엄마, 걔…. 있잖아. 알고 봤더니 거기 타워에 살더라고?"

나는 무덤덤하게 반응했다.

"그래?"

아이는 말한다.

"그 집 한 번 놀러 가고 싶다."

아이는 부러운게다. 그럴 수 있다. 나도 그랬으니깐.

아이는 거기서 더 나아가 나에게 신기한 질문을 한다.

"엄마, 우리는 돈 좀 있어?"

"왜, 갑자기?"

"그냥 궁금해서."

"아니. 없어."

"왜?"

"엄마아빠 무슨 일 하는지 알잖아. 그래서 돈 없어."

"엥?"

"그래도 몇천만 원은 있지?"

"없어."

"엥?"

"천만 원도 없어? 그러면 우리 그지야?"

아들의 말을 듣고 가만히 있었다.

그러다가 내가 반격하기 시작했다.

"너는 이 집이 얼마인 것 같아?"

아이가 알 리 없는 질문이다.

"몰라."

"이 집에서 살려면 몇억은 있어야 한다고 들었어.

우리는 돈이 없지만 이 집에서 공짜로 살고 있어.

그건 돈이 있는 것보다 더 큰 능력이지.

지금까지 우리는 그렇게 살았어.

그러니깐 우리는 거지가 아니고 부자야.

다른 종류의 부자이긴 하지만 생각해 봐.

그리고

너 먹고 싶은 거 못 먹은 적 있어?"

가장 간단하고 확실한 질문이었다.

아이는 아니라고 말했다.

이걸로 우리의 대화는 끝이 났다.

하지만 아이는 한동안 자기가 집을 사려면 얼마나 돈을 벌어야 할지를 계속 고민했다. 그리고 2층 단독 집을 사서 한쪽에는 엄마를 위한 사무실을 마련해주고 아빠 교회도 건축해 주고 가족들과 같이 산다고 했다. 종종 아이는 무슨 생각을 하고 있는지 모르겠지만 돈을 많이 벌겠다고 줄곧 말했다.

내가 가르친 것과 다르지만 아이의 꿈은 돈을 향해 흘러간다. 가다가 멈추고 또 방향을 틀 거라고 믿고 싶다. 다만 아이가 돈 때문에 울고 웃지 않았으면 좋겠다.

아들의 신체검사

아들이 신체검사가 있다고 한다. 저녁부터 신경질이다. 갑자기 자기 살을 만지면서 자기가 이렇게 살이 찐 것은 엄마가 괜찮다고 했기 때문이라고 했다.

어이가 없었지만 반은 맞는 말 같기도 했다. 무엇이든 잘 먹는 녀석의 모습이 깔짝대는 남편보다 좋았다. 2.9kg으로 작게 태어난 아이가 무럭무럭 자라는 게 좋았다.

그리고 아이를 보며 부모가 큰 사람이냐고 물을 때 희열을 느꼈다. 그런데 요즘 아이들은 너무 말랐다. 우리 아이는 정상 조금(?) 넘어설 뿐인데.

아이에게 밥을 먹이는 방법은 간단하다.

밥을 안 먹는 건 자기의 자유이지만 늦은 밤 냉장고를 백만 번 여닫는 것을 안 봐도 뻔히 알기에 그 꼴을 보느니 이른 저녁 뭐라도 먹이는 게 낫다고 생각했다.

아이에게 밥을 먹이기 위한 전략은 우선 냄새이다. 맛있는 냄새로 집 온도를 높인다. 아이가 좋아하는 불고기다. 단짠이 어울리는 조합이다. 거기의 김치를 볶는다. 넘어가지 않을 수 없다. 그런데도 아이는 밥을 먹지 않겠다고 한다. 왜 그러냐고 하니 다음 날 신체검사가 있기 때문이란다.

아이에게 밥을 먹이는 두 번째 방법은 한 입만 먹으라고 하는 것이다. 한 입만 먹으라고 하면 아이는 정말 한 입인 줄 알고 먹는다. 그런데 그 한 입을 먹고 나면 또 한 입을 먹고 싶어한다. 그게 나의 방법이다.

이번에도 아이는 넘어갔다.

한 그릇을 비우고 또 한 그릇을 먹는다.

더 달라고 하는 순간 내일 먹으라고 하고 주지 않았다.

아이의 식습관에 책임을 져야 하는 부모로서 이게 참 어렵다. 내 눈에는 너무 사랑스러운 아이이지만 살이 찐 것은 사실이다.

비만 관련된 TV를 보고 있던 내게 아들이 물었다.

"엄마, 나 고도비만이야?"

내가 말했다.

"아니. 너는 그냥 비만이야."

"그지."

다행이라는 눈치다.

우리 아들의 살은 비계가 아니라 근육이다. 엄격하게 말하면 근육형 비만인 듯하다. 그래서 더 빼기 힘든 것인지 모르겠다.

다음 날, 신체검사를 마치고 왔다.

"아들, 아침에 운동장 돌고 교실 갔어?"

"응. 다섯 바퀴 돌았어."

이른 아침, 밥도 먹지 않고 배가 고팠을 텐데 운동장을 다섯 바퀴나 돌았을 아이 생각에 짠한 마음이 올라왔다.

"엄마, 나 우리 학년에서 2등으로 비만이야."

"어머나. 1등 하지 못해 아쉽다. 근데 어떻게 2등인지 알았어?"

"딱 보니깐 알겠더라고."

"그래?! 크크크"

아들은 계속 말을 이어갔다.

"엄마. 나 비만이라고, 피 뺐어. 좀 창피했어."

"그랬겠다."

"무슨 이상은 없겠지?"

"그럼."

아이에게 더는 해줄 말이 없었다. 아이가 다른 친구랑 다르게 비만 학생만 피를 뽑았다는 것이 부끄러웠을게다.

아들의 말을 들으니 내가 어릴 때 초등학교에서 검사했던 대변 봉투가 생각났다. 혹시라도 대변이 묻지는 않을까, 냄새가 나지는 않을까 몹시도 신경이 쓰이고 싫었던 기억이다. 많이 먹지 않는데 살찐다는 아들의 말에 반문하지 않고 나도 그렇게 생각한다고 말을 마쳤다.

우리는 오늘도 약을 먹는다

아들이 여러 차례 까불고 있다. 몇 차례 심호흡하고 아들의 까부는 모습에 반응하지 않았다. 아무것도 아니지만 아들의 행태를 보면 마음에 안 드는 게 한두 가지가 아니다.

말도 안 되는 것으로 억지 부릴 때,

자기 돈, 자기 물건,

자기 먹을 것은 자기의 분신처럼 으르렁거리더니…

드디어 아들이 선을 넘었다.

너무 어이가 없을 적에는 말이 안 나온다. 아들과 똑같은 수준으로 내려가서 무엇이 맞고 틀린 지를 가르치는 일도 지겨워진다.

아… 나는 이 사춘기를 잘 보낼 수 있을까? 아들에게 꼴 보기 싫다고 말할 줄은 몰랐다. 무슨 생각으로 연상을 하는지, 논리도, 감정도 모든 것이 뒤죽박죽이다.

오후에 남편과 한바탕하고,
저녁에는 아이와 한바탕하려니 기운이 딸린다.

웬일인지 내가 먼저 남편에게 사과하고 평화로운 저녁 식사를 끝마치자 아들의 도발이 시작됐다. 아들의 도발은 멈출 바를 모른다.

나는 이성의 끈을 간신히 잡고 있다.
'나는 어른이다. 나는 성인이다.
아이랑 똑같이 반응하지 말자. 후회할 행동은 하지 말자.'
혼자 되뇌고 있었다.

그래도 아들은 적군의 깃발을 빼앗은 양 의기양양하고 무례하게 또 말로 선을 넘었다.

가끔 나는 남편이 없었으면 좋겠다고 생각한 적이 있었다. 그런데 아이가 사춘기에 들어서니 남편이 없었으면 큰일 날 뻔했다고 생각하게 된다. 아들의 상습 도발에 화가 난 남편이 몽둥이를 찾으러 다녔다. 기리기리 뛰며 이 방 저 방 돌아다니며 몽둥이 될 만한 것을 찾는다.

아들은 몽둥이를 보고 그제야 상황을 파악했다. 자기 친구보다도 못한 존재로 부모를 함부로 대하는 아들의 태도에 웬일인지 남편이 흥분과 혈기를 모두 아들에게 쏟아내고 있다.

순간 나도 놀랐다.

'아… 나에게는 남편이 있지.'

나는 가끔 혼자 아이를 키우는 엄마들을 생각한다. 아이의 도발에 내가 아는 그 엄마들은 홀로 얼마나 어렵게 아이를 키우고 있을까?

가만히 있는 내 모습에
남편이 불쌍하게 생각했나 보다.

아들은 남편에게 맞지 않고 반성문을 쓰는 것으로 정리했다.

혼난 사람은 괜찮은데 혼을 낸 남편은 아들에게 실망한 나머지 눈동자가 흔들린다.

오늘은 남편의 약을 챙겨주며 속으로 응원했다.

'잘했어.

약 먹으면서 계속 같이 싸우자.'

우리는 폭력에 맞서야 한다

살면서 겪지 않았으면 좋겠다는 일을 겪을 때가 있다. 나도 그렇지만 우리 아이에게도 그런 일이 최근에 있었다.

문제의 포켓몬빵.

포켓몬빵에 있는 스티커를 수집하러 다니는 우리 아들은 일요일마다 하이에나처럼 편의점을 돌아다녔다. 그렇게 돌아다니다 보니 노하우가 하나 생겼다. 차가 언제 들어오는지를 알고 있다가 배송 차량이 올 때쯤 기다렸다가 산다.

그날도 똑같이 포켓몬빵을 하나 집어 들고 카운터로 갔다. 그런데 그곳에도 우리 아들처럼 포켓몬빵을 사려고 기다린 두 사람이 있었다. 편의점에 들어간 빵 2개를 그 사람은 다 사려고 했었던 것 같다. 빵은 집지 않고 카운터에서 말로 사겠다고 하던 사이에 아들은 그것을 아는지 모르는지 빵을 집고 계산을 하려고 했다.

이내 두 사람 중 한 사람이 아들의 팔을 잡았다. 그리고 입으로 담을 수 없는 심한 욕설과 협박을 했다. 놀란 편의점 직원은 여기서 싸우지 말고 나가서 싸우라고 했다.

아들은 자기에게 욕하지 말라고, 손을 놓으라고 말하며 빵값을 내고 도망치듯 나왔다. 혼자 겪은 일이었다. 나에게 와서 방금 있었던 일에 대해 얘기했다.

몸이 부들부들 떨렸다. 얼마나 무서웠을까. 아이에게 그런 말을 한 이 사람은 어떤 사람이었을까? 겁이 났다. 주변에 너를 도와주는 사람이 아무도 없었냐고 아들에게 물었다. 아무도 도와주지 않았다고 했다.

남편과 함께 편의점을 다시 찾았다. 영상을 보고 싶어서 문의했다. 그랬더니 본사에서 비밀번호를 걸어놓기 때문에 볼 수 없다고 했다. 경찰에 신고하기 전, 편의점 직원에게 물었다. 아까 상황이 어땠냐고 물었다. 아들이 말한 것과 같았다.

그래서 내가 물었다. 어떻게 아이에게 어른이 그렇게 욕하고 함부로 하는데 왜 경찰에 신고하지 않았냐고. 그리고 이런 아이를 방치한 채 어떻게 밖에서 싸우라고 할 수 있냐고 물었다.

만약 이 아이가 편의점 밖에서 이 사람들에게 무슨 일이라도 당했다면 어쩔 뻔했냐고.

직원은 이내 미안하다고 했다. 자기 생각이 짧았다고 했다. 하지만 한마디 더 하지 않을 수 없었다.

"우리는 어른이에요. 어른은 어른답게 행동해야죠. 당신의 동생이라고 생각해 보세요. 너무 무책임한 거 아닌가요?"

경찰에 신고했다. 아동 폭력 사건이라고 인식한 경찰은 바로 출동했다.

다음 날, 경찰이 녹화된 화면을 보고 아들의 걱정을 했다. 아동 폭력 사안이 분명하다고 인지한 경찰은 카드와 CCTV로 동선을 파악했다. 그리고 일주일이 안 되어 그들을(?) 잡았다. 정말 잘못했다고 빌었다고 했다.

그러면서 그런 욕을 한 사람이 다름 아닌 아이의 엄마라고 밝혔다는 사실에 놀랐다. 아이의 엄마라고 하면서 선처를 바란다니, 앞뒤가 맞지 않는다. 아이의 엄마라는 사람이 다른 아이에게 어떻게 이런 짓을 할 수 있지? 거기서 자기도 엄마라는 말을 어떻게 할 수 있지? 도무지 이해되지 않았다.

경찰이 물었다.

"어떻게 할까요? 더 진행할까요?"

가족회의를 열었다.

우리는 그만하기로 했다. 그리고 경찰에게 전화를 걸어 다시 한 번 말씀을 드렸다.

"저희가 이미 말씀드렸지만, 이 사람을 아동 폭력으로 신고한 이유는 아이에게 욕하고 폭력을 행하는 사람이라면 다음에도 그렇게 할 수 있을 가능성이 높다고 생각해서였어요. 우리 아이 처럼 다른 아이들이 겪으면 안 되잖아요."

경찰이 우리의 말을 듣고 이런 말을 해주었다. "제가 이 일을 오래 하지만 대부분 부모는 자기 아들에게 폭력을 행한 사람을 벌주기 위해서 신고합니다. 그런데 다른 어린이를 생각해서 이렇게 하는 분들은 많지 않고 이쯤에서 그 정도만 하겠다고 하는 분들도 만나기가 쉽지 않아요."

경찰은 우리를 신기하게 생각하는 듯했다. 아들은 그날 우리 부부가 편의점에서, 경찰관에게 하는 모든 말을 듣고 있었다.

그리고 아들이 말했다.

"오늘 제가 밥 살게요."

내가 물었다.

"왜?"

아들이 말했다.

"오늘 고마웠어요. 되게 든든했어요."

상처가

사랑으로, 안전으로, 보호로 덮이기를 바란다.

내 아이도,

다른 아이도 아프지 않기를 진심으로 바란다.

자전거 수리 비용을 깎지 못했다

아들에게 자전거가 생겼다. 서울에서 살 때는 차가 너무 많아서 자전거를 살 생각조차 하지 못했다. 그런데 경기도로 이사를 오니 자전거를 타도 될 듯했다. 그 뒤 아들에게 자전거는 애마가 되었다. 마치 원래부터 자전거를 타던 아이처럼, 학교에 갈 때, 학원 갈 때, 친구들 만날 때. 그런 아이의 모습이 신기하고 기특하다.

어떤 일은 시간이 지나면
자연스럽게 배우게 되는 일들이 있는 게 분명하다.

공기놀이할 때 늘 꺾기를 못했던 나는 다 큰 다음에는 4알 정도는 거뜬히 넘길 수 있게 되었다. 리본 묶는 걸 전혀 하지 못했던 나는 어른이 된 다음에는 그나마 흉내 비슷하게 낼 수 있는 정도가 되었다. 칼을 잘 다루지 못했던 나는 결혼 이후에는 그 래도 칼질을 조금 배우게 되었다.

우리 아이에게는 자전거가 이런 경우가 된 게 아닌가 싶다. 좀 넘어지고 다치는 일은 당연한 수순이고 온몸에는 멍이 들었지 만 이내 균형을 잡기 시작했다.

균형은 흔들림 속에서 잡게 되는 것.

말로 표현할 수 없는 그때,

자전거는 달린다.

멀리, 빠르게….

아들은 자기가 가고 싶은 곳에 갈 수 있게 되었다. 덕분에 운 동량도 늘었다. 그러나 문제는 여전히 서툴다는 것.

자전거가 팍 쓰러져 핸들이고 뭐고 삐뚤어졌다. 헬멧의 쓰임 새를 무시했던 아들은 이 경험을 통해 꼭 헬멧을 쓴다. 그렇게 자전거 수리가 3번째 들어간다. 한 달밖에 되지 않았는데 벌써 자전거 수리비가 꽤 나왔다.

고쳐 쓸 수 있는 게 어디냐 싶다가도 이번에는 조금만 깎아 달라고 말해볼까 다짐을 했다. 그런데 차마 말을 꺼내지 못했다.

아저씨가 어떤 삶을 사는지, 얼마나 버는지 알지 못한다. 하지만 오늘 어쩌면 아저씨는 내가 첫 손님인지도, 아니면 마지막 손님인지도 모른다는 생각에 그냥 부르는 대로 드리고 왔다.

아이를 낳고 생긴 버릇이다.

"아저씨, 고맙습니다."

가뿐히 자전거 수리를 마치고

철없는 아들에게 대신 잔소리를 뿜어댔다.

"너, 이거 몇 번째인지 알지? 조심히 타고 다녀."

아들은 아침마다 등굣길에 자전거를 탄다.

아들의 표현에 따르면 세상은 자전거 타기 전과 후로 나뉜다고 하는데 나는 그 말이 너무 재밌다. 그리고 앞으로도 코페르니쿠스적인 전환(Copernican Revolution)이 많이 일어날 거라는 말을 아낀 채, 아들을 향해 힘껏 손을 흔들어 댄다.

멀리, 멀리,

그렇게 너의 삶을 살아라.

자식 이기는 부모 있다

나는 화가 나면 화가 잘 안 풀린다. 금방 웃으며 없었던 일로 대할 수 없다. 웃는 게 자연스러운 일은 아니니 그건 제외하고 서라도 화가 나면 말하기 싫어진다. 화해한 뒤에도 말이 잘 안 나온다. 감정이 아직 안 풀려서다.

아이가 나에게 무슨 뜻인지도 모르고 심한 말을 할 때가 있다. 오늘이 그랬다. 그래서 화가 났다. 배운 자와 배우고 있는 자의 격차는 무시와 엄벌 등의 복수로 표현될 때가 있다.

"그게 무슨 뜻인 줄 알고나 쓰냐?

무식하게 그런 말 하지 마."

아이에게 사용하기 적합한 말은 아니지만 어디서 들은 말을 함부로 내뱉는 그 아이의 입을 막아버리기 위해 무리수를 뒀다. 그리고 상처를 입었다는 심정을 아프게 표현했다.

어제 오늘 아이와 눈을 마주치지 않았다. 말을 하지 않으니 좀 더 편하게 느껴졌다. 게다가 우리 집은 남자가 둘이라 툭하면 자기들끼리 동맹하고 나를 곤란하게 한다. 이번에도 마찬가지.

그래서 이번 싸움은 아쉽게도 패싸움이다.

남편과 아들 vs 나.

절대 밀리지 않겠다고 결심했다.

요리조리 생각해도 남편이 이해가 안 되고, 이제는 아들까지도 이해가 안 된다. 충분히 설명했다고 생각한 내 말을 두 사람은 이해하지 못한다. 아무튼 그렇게 해서 싸움이 났다. 그리고 냉전의 시간을 보냈다.

'내가 밥해주나 봐라.' 밥도 혼자 차려 먹었다. 빨래도 돌리지 않았다.

불편함을 느낀 아들이 사과하러 들어왔다. 생활의 불편이 미안함을 가져온 듯하다. 치사함의 반복이 가져온 승리의 사인이다. 하지만 받아주고 싶지 않았다. 그래도 또 사과한다.

세상에 자식 이기는 부모 없다는 말은 거짓말 같다. 나는 자식을 이기고 살았다.

가만히 생각해 보니 우리 부모님도 자식을 이기고 살았던 것 같다. 그래서 자식에게 지는 법을 배우지 못했다. 엄청나게 노력해야만 입이 열린다. 그리고 정말 힘을 써야만 다시 아이를 안아 줄 수 있을 정도가 된다. 내가 봐도 못됐다. 이겨서 뭐 하나 싶은데 손이, 마음이 거기까지 가지 못한다.

나이 들기 전에 내가

여러 번, 아니 많이많이 져줘야 할 텐데,

그래야 우리 아들은 자식을 이기지 않을 텐데.

남편과 아들이 다른 점

아들은 교복을 입는다. 매일 입는 것은 아니고 일주일 중의 두 번, 월요일과 목요일에 입는다. 그런데 아들이 교복을 입기 시작하자, 유난히 신경 쓰이는 일이 있다.

덜렁거리는 아들이 교복에 뭘 묻히는 것도, 허리는 어른인데 다리는 아직 짧아서 많이 줄여야 할지 적당히 나중을 생각해서 남겨둬야 하는지 그런 거. 그리고 애들 교복이 왜 이리 비싼지 이해할 수 없다는 점도 한 가지 추가하여 이건 왜 이렇게 비싸고 질이 좋지 않을까 이런 생각들을 한다.

그런데 이것보다 더 불편한 점은 아이가 교복을 입기 시작하면서부터 내가 자연스럽게 아이 옷을 다리기 시작했다는 것이다. 아이가 다려달라고 한 것도 아닌데 아이 옷을 다리고 있다. 왠지 그래야 할 것 같아서.

귀찮아서 그냥 옷장에 넣을까 하다가 다시 꺼낸다. 그리고 내가 아이 옷을 다리는 게 어떤 마음인지 살피기 시작했다. 가만히 보니 아이를 위해서라기보다는 다른 사람이 우리 아이를 어떻게 생각할지 고민돼서 하는 일인 것 같았다.

나는 이번이 아니더라도
남의 시선으로 아이를 키울 때가 종종 있다.

극단적으로 표현하면 아이 옷이 구겨져 있으면 마치 집에서 돌봄을 받지 못하는 것처럼 느껴질까 봐, 가뜩이나 살집있는 아이가 옷까지 구겨있으면 기죽는 건 아닐까, 이런 쓸모없는 염려를 하면서 말이다.

"네가 그런 말을 하면 사람들이 엄마를 어떻게 보겠니?
너 밖에서 이렇게 행동하면 안 돼.
집에서 가정교육 못 받은 것처럼 사람들이 생각하겠다."

뭐 이런 말들….
너를 위한 게 아니라 나의 체면을 위한 말들이다.

그런데 아이 옷을 다리면서 문득 남편에게 미안해졌다. 매일 양복을 입는 남편의 옷은 다리지 않았다. 신혼 초에는 옷을 다리다가 다리는 일이 너무 힘들어 군대 갔다 온 남편이 하는 게 더 낫다고 생각했다. 나보다 훨씬 잘하니깐.

내가 하기 싫은 일을 아이를 통해 배우고, 아이에게 하는 정성을 쏟을 때 그 옆에 함께 있는 남편을 보며 내가 아내라는 사실을 깨닫는다.

나는 아내이고 엄마다.

이 순서, 잊지 않아야 할 텐데.

사춘기는 '난 여기 있어요'라는 뜻

사춘기가 무엇일까를 생각했다. 뭐가 그리 대단하다고 사춘기라는 말을 말끝마다 하고 있는지, 듣기 싫다. TV에서 사춘기가 어떻고 하는 이야기들도, 뇌에서 전두엽이 아직 만들어져 가고 있고, 그래서 감정조절이 어렵고 충동을 조절하는 능력이 부족하다는 것도 안다.

하지만 사춘기는 으레 그렇게 해도 된다는 것처럼 아이를 끌고 간다면 그것은 다시 한번 재고해 봐야 한다.

요즘 아이들은 사춘기를 유세처럼 생각한다. 우리 아들도 그렇다. 사춘기라서 자기가 그렇다는 식의 말을 꺼낼 때마다 주둥이를 팍, 한 대 치고 싶다. 이렇게 말할 때는 입이 아닌 주둥이다.

마치 암행어사가 마패를 꺼내어 자신의 신분을 증명하듯, 자기가 사춘기라서 그렇다는 소리를 귀에 못이 박히도록 한다.

그래서 그런가. 엄마들은 이에 질세라 갱년기를 외친다. 나도 가끔 감정조절이 힘든데 아직 갱년기가 아니라서 그 핑계를 댈 수 없다. 그래서 아쉽다. 사춘기 vs 갱년기의 진흙탕 싸움이 시작되려면 고등학교나 가야 할 것 같다.

그런데 사춘기는 과연 무엇일까. 나는 가끔 아이를 이해하기 위해 나의 중학생 시절을 떠올린다. 그때 나는 이미 사춘기가 왔던 것 같다. 밤새 이문세의 별이 빛나는 밤을 듣고, 음악을 들으며 눈물을 흘리던 그날들. 낮보다 혼자 있는 밤이 기다려지던 시간들이 있었다. 일기를 쓰고 아무도 보지 못하게 하겠다고 열쇠로 잠가놓았던 시간도 있었다.

특히 부모와 관계에서 가장 힘들었던 시간이었던 것 같다. 나도 나를 이해할 수 없었지만, 부모님은 나를 이해하려고 하지 않았다. 그냥 이상한 애, 신경질 부리는 애, 틱틱 대는 애, 친절하지 않은 애. 그렇게 생각했던 것 같다.

그래서 나는 그런 애처럼 굴었다. 당신들이 하는 말에 메아리라도 되겠다는 심정으로 부모님의 마음을 아프게 했었다. 저녁이면 화가 났다가 아침이면 내가 왜 그랬는지를 후회하면서 나도 내가 참 이상하다고 생각했던 그런 시절이 있었다.

사춘기란

유세가 아니라

진짜 내가 아픈 시간이었다.

내가 그렇게 아프고 힘들게 사춘기를 보냈던 것을 다 잊은 채, 아이가 사춘기라고 하는 말을 듣기 싫어했다는 게 우습다.

사춘기는 '나는 여기 있어요'라고 자기의 소리를 내는 시간이다. 자라는데 성장통이 필요한 것처럼 아이의 유별난 행동에도 그러려니 하며 '나는 더 했지. 더 했을 거야.'를 생각할 수 있어야겠다. 그렇게 하루를, 또 다른 하루를 넘어가다 보면 아이도 자라고 나도 자랄지 모르겠다.

국제전화 걸듯 신속하고 빠르게

아이의 방에 노크하고 들어간 지 4년째다. 아이가 자기 방에 들어올 때는 노크해달라고 한다. 예전에 사춘기 특강을 들었던 기억이 난다. 남자아이를 키울 때 괜히 엄마가 문을 벌컥 하고 열다가는 보지 말아야 할 것을 볼 수 있다고. 그게 뭔지 안다. 아이가 노크해달라고 했을 때 제일 먼저 그 생각이 났다. 어쨌든, 아이에게 자기 방이라는 공간은 아이의 정신세계를 그대로 반영해 주는 것 같다. 그러니 존중해야겠지.

아이와 같이 차 마시고 싶은 엄마는 오늘도 아이 방을 기웃거리며 물어보고 싶은 것들을 생각한다. 너무 자주 들어가면 들어간다고 뭐라 하고 밖으로 부르면 자기 뭐 하는데 왜 이렇게 불러대냐고 핀잔을 준다.

그래서 생각했다. 아이와 만날 때는 국제전화를 건다고 생각하자. 국제전화를 걸면 정말 해야 하는 말만 한다. 꼭 필요한 것들만 물어보거나 대화하고 끊는다.

아이에게도 그렇게 하자. 이 말 하면 이 말 했다고 쿵, 저 말 하면 왜 엄마는 저렇게 말하냐고 쿵쿵 이니깐.

그러니 국제전화 걸듯 무심하게 툭, 안부만 적당히 묻고 다른 일에 집중하자. 그게 오히려 서로의 거리를 유지하면서 사랑할 수 있는 좋은 방법이 될지 모른다.

어쩔티비 대처법

무슨 말을 하든 아들이 이렇게 대답한다.

"어쩔티비 저쩔티비 지금화났쥬 킹받쥬 그런데 어쩔수없쥬."

정말 열받는다.

한 대 쥐어박을 수도 없고

하지 말라고 해도 또 그런 말을 한다.

'그래, 나도 어렸을 때 부모 몰래 나쁜 말 많이 썼으니깐 봐주자.' 이렇게 생각하다가도 어떤 질문이든 어쩔티비 패턴으로 되풀이하는 녀석을 마주하려고 하다 보니 열이 솟구쳐 오른다.

'그래. 그러면 어쩔 수 없지. 아이의 패턴에 휘말리지 말자.' 그렇게 생각하고 나름 어쩔티비 대처법을 발휘해 봤다.

첫째, 아이가 어쩔티비, 킹받쥬? 식의 되풀이되는 말을 할 때는 말하지 않고 방으로 들어간다. 그러면 아이가 자기를 무시하냐며 따라온다. 그럴 때 엄마는 그렇게 말하면 할 말이 없다고 전한다. 아이는 장난인데 뭘 그러냐며 삐져서 자기 방으로 또 들어간다. 적반하장.

둘째, 아이가 나에게 물어볼 타이밍을 기다린다. 그리고 아이가 내가 도와줘야 하는 정보나 의견을 물으면, "어쩔티비 저쩔티비 지금화났쥬 킹받쥬 그런데 어쩔수없쥬."라고 답했다.

성공이다!

우선 내가 이렇게 말하니 아이가 당황했다. 그런데 아이가 없을 때 래퍼처럼 쏟아냈다. 역시 연습만이 답이다. 그랬더니 또 아이가 놀랐다.

"엄마? 왜 이렇게 잘해?"

나는 말하지 않고 어쩔티비 패턴을 계속했다.

"그래서 이건 어떻게 해야 하냐고?"

밀리지 않고 내가 하고 싶은 말들만 한다.

"어쩔티비 저쩔티비 지금화났쥬 킹받쥬 그런데 어쩔수없쥬."

아이가 황당해한다. 이때 아이에게 말했다.

"내가 너에게 느꼈던 기분이 바로 이런 거였어.

네가 말하는 것은 상관없어. 친구들이랑 그렇게 놀 테니까.

하지만 어떨 때 이런 말을 사용해야 하는지

네가 배워야 한다고 생각해.

엄마는 네가 그동안 이 말을 했을 때

오늘 네가 느꼈던 그 기분을 느꼈어."

아이의 침묵. 다음 날까지 어쩔티비를 사용하지 않았다. 그리고 며칠 뒤, 아이는 붕어처럼 모든 것을 잊어버리고 또 어쩔티비. 어쩌고 하고 다닌다.

나도 포기.

그래! 너도 어쩔티비하고 나도 어쩔티비하자.

잘 돌아간다.

우리 아이는 수학을 못 하는 게 아니라

글을 이해 못 하는 걸로

아들을 두고 남편과 얘기한다.

"애는 수학 머리가 없는 것 같아."

나는 남편에게 말한다.

"아닌데. 다른 머리도 없는 거 같아."

ㅋㅋㅋㅋㅋ

요즘 아들은 풀이 노트를 만들어 풀고 있다. 어떤 방식으로 답이 나왔는지를 차근히 써내려 가는 건데 답을 옮겨적는 데 집중한 건지 몇몇 문제는 풀이 과정이 빠져 있다. 그리고도 다 했다고 와서 채점해 달라고 한다. 심지어 이건 정말 정답인데 왜 틀렸냐고 뭐라 하기도 한다.

그러면 순간 쫄아서 정말 내가 틀렸나 살피면 아이가 간단한 걸 놓치고 으름장을 부리고 있었던 게다.

수학은 머리로만 푼다고 생각하는데 이걸 보면 아니다. 평상시에도 쉽게 흥분하고 자기에게는 관대하고 타인에게는 몰인정한 게 그저 사춘기 뇌라고 생각했는데 꼭 그런 것만은 아닌 것 같다.

차분히 천천히 문제를 읽고 이해하기.

아이에게 무척 어려운 서술형 수학이다. 왜 수학을 이야기식으로 풀어야 하는지 나도 이해가 안 된다. 옛날부터 너무 어려운 방식이었다. 문장을 읽을 때 상상과 공감이 되어 이런 수학이 참 어렵다.

결론적으로 아들은 나를 닮은 것 같다. 하지만 이 사실은 숨길 데까지 숨기는 걸로. 원래 나는 수학 잘하는 사람처럼!

레쓰비

갑자기 여름 같은 봄이 왔다. 아들은 요즘 아침마다, 밤마다 포켓몬빵을 찾으러 편의점을 순회한다. 그게 뭐라고. 진짜 보기 싫은 상술이다 뭐다 해도 아이는 꼭 먹어 보고 싶은 것 같다.

희소성의 원칙.
뭐든 하나면 귀하다.

친구가 포켓몬빵에 들어가 있는 스티커를 가지고 학교에 왔다고 한다. 그걸 본 아이는 더욱 포켓몬빵을 반드시 사겠다는 굳은 의지로 또 돌아다닌다.

집에 가는 길 아들이 이런 말을 했다.

"나 오늘 할머니에게 레쓰비 사 드렸어."

"어떤 할머니?"

"아니, 내가 사드리려고 사드린 게 아니라 포켓몬빵 사려고 돌아다니다가 너무 더워서 아이스크림을 쭉쭉 빨아 먹고 가는데 폐지 줍는 할머니랑 눈이 딱 마주친 거야. 순간 너무 죄송해서 아이스크림을 못 먹겠더라. 그래서 편의점에 얼른 들어가서 레쓰비 사다 드렸어."

"그래? 잘했네. 웬일이래?"

"근데 약간 뿌듯하더라."

아이의 말을 들으며 생각한다. 우리는 나보다 더 힘든 사람을 만나야 도울 생각을 한다. 그가 가난하니깐, 그가 어려우니깐. 그런데 그냥 내가 당연히 먹는 걸 너도 먹고 싶지 않을까, 하는 마음으로 먹지 않는 사람을 볼 수 있는 눈이 있다면 그게 사람다움 같다.

아들과 싸우면 누가 이길까?

아이의 시험 전날.

나와 다른 성향의 아이를 보는 건 실로 고통이다.

시험 보는 날은 항상 정해져 있는 것이니

시험 보는 학생이 그날을 기억하고 지켜야 한다고 생각한다.

그런데 아이는 일주일 전까지도 전혀 준비하지 않는다.

그럼, 시험 전날이면 공부할까?

아니다.

공부하는 것 같기는 한데 시간이 모자라 시험 범위까지도 공부하지 못하고 간다. 이것도 대단하다.

'어떻게 학교를 그냥 가지?'

나도 학창 시절이 있었으니 이 맥락을 모르는 건 아니다. 하지만 나는 미리 공부해야 한다고 생각하는 반면, 아들은 그렇지 않다. 내 배 속으로 나아도 이해가 안 되니 남의 아이들 가르칠 때 뭐라 할 필요가 없다.

시험 전날에는 바짝 긴장하고 이날만이라도 공부하기를 바라는 나의 바람과 다르게 아이는 전혀 긴장감이 없다. 그러니 내 속만 탄다. 간식도 줄 필요가 없다. 두 눈 지그시 감아버리고 그냥 내 할 일을 하는 나와 다르게 남편은 아이와 성향이 비슷함에도 불구하고 속이 부글거리나 보다. 미안한 말이지만 남편의 부글거림이 나는 이해가 되지 않는다. 둘이 비슷한 것 같은데….

시험은 도대체 누가 보는 걸까?
부모가 보는 것 같다. ㅠㅠ

공부하지 않으면 안 한 결과를 얻는 게 맞다. 그런데 그게 내 아들이라고 하면 대답은 달라진다. 시험 기간만 되면 아이도, 부모도 모두 예민해진다. 시험을 보는 사람은 시험을 보니깐, 시험을 보지 않고 아이를 보는 사람은 걱정스러워서 예민해진다.

어찌 보면 아이를 보며 염려하는 것은

내가 놓쳐버린 학창 시절에 대한 보상인지도 모른다.

그게 그리움인지 후회인지 몰라도 자녀가 자신의 과거를 답습하는 모습을 보는 것은 너무 괴로운 일이다. 그러나 어찌하겠는가? 사과나무에서 사과 나오고, 개똥참외밭에서 개똥참외가 나오니

에라, 책이나 읽어야겠다.

생각보다 따뜻하게 안아볼 시간이 별로 없어요

아이가 커간다. 나는 늙어간다. 이 자연스러운 시간의 흐름에도 나는 예외라고 생각하는 미련한 이가 있으니, 나다. 나는 안 늙을 것 같다고 생각했다.

그런데 아이가 자라는 것을 보니 예전 어른들이 말씀해 주시던 것들이 생각난다. 친정어머니의 깊은 주름은 그러려니 했는데 아이가 키가 자라니 문득 겁이 난다.

출장을 갔다가 이틀 만에 아이를 만났다. 겨우 이틀인데 아이가 자란 것 같다.

아이가 커간다는 것은
내가 아이를 안아주는 느낌이 아닌
그 반대의 느낌을 받을 때이다.

내가 안았는데 아이에게 안긴 것 같은 그 느낌.

아이는 점점 자라고 나는 우리 부모님이 나에게 그랬던 것처럼, 이번 주말에는 우리를 보러 올 수 있냐고 묻게 될지도, 아니 사정하게 될지도 모른다.

그러니 좀 쑥스러워해도 더 많이 안아줄 테다. 거부해도 지금은 같이 있으니 조금 더 많이 안아주고 싶다.

아이에게 진심이 통하면

최근 아들이 잘못한 일이 있었다. 누군가에게 자식의 단점을 듣게 되는 일이란 어려운 일이다. 인정하는 건 더더욱 어려운 일이고. 아무리 채워도 아이의 마음을 온전히 채울 수는 없는 게 부모의 안타까움 같다.

잘 키우고 칭찬받고 사랑받는 아이가 되는 게 누구를 위한 일일까 생각한다. 사회는 인간들의 공동체니깐 더불어 살기 위해서 너는 그런 사람이 되어야 해, 라고 생각한다. 아이가 이다음에 어떤 자질을 가진 성인이 될 지 그것도 걱정스러워 아이에게 가르치는 게 맞다고 생각한다.

그런데 모든 폭풍우, 비바람이 지나고 난 뒤 고요한 상태로 내 마음을 들여다보면 나는 다른 사람에게 내 자식에 관한 안좋은 소리를 듣고 싶지 않았던 것 같다.

그래서 나는 아들이 나를 창피하게 만든 일들이 싫다. 아들보다 내 자존심이 더 중요한 사람이라는 걸 인정하기 싫지만, 아이를 혼낼 때 보면 이런 게 여실히 드러난다. "네가 그러면 다른 사람들이 엄마를 어떻게 보겠어?" 이 한 문장에 나의 본심이 들어가 있다.

그래서 나는 웬만하면 아들을 혼내지 않는다. 내가 혼내기 시작하면 삼천포로 빠질 때가 많다.

대신 아이에게 훈계가 필요할 때 남편이 아이에게 말한다. 남편은 아이를 정말 사랑한다. 아이를 혼내고 있는 남편을 보면 나도 옆에서 같이 듣고 있다가 눈물이 난다.

남편은 아이를 사랑해서 혼내지만, 나는 나의 체면 때문에 아이를 혼낸다. 그러니 아이도 내 말을 듣다 보면 더 화가 났을지 모른다.

남편이 말했다.

"나는 네가 정말 잘 됐으면 좋겠거든. 물론 내 인생의 목표가 네가 잘되는 것은 아니야. 하지만 네가 내 자식이니깐 나는 네가 하기를 원하는 게 있다면 최선을 다해서 할 수 있도록 도와줄 거야.

너도 알다시피 우리는 형편이 넉넉하지는 않아. 그래서 원하는 만큼 다 해 줄 수는 없어. 하지만 지금까지 네가 원한다면 너를 위해 많은 것을 해줬어. 단 한 번도 아깝다는 생각을 해 본 적이 없어.

그리고 일이 생길 때 나는 다른 사람이 나에게 무슨 말을 하든 나는 너의 말을 먼저 듣고 싶어. 왜? 내 아들이니깐. 나는 내가 사랑하는 아들의 이야기를 듣고, 내가 아는 아들의 관점에서 일어난 일들을 바라보고 싶어.

다른 사람이 너에 대해 뭐라고 해도 나는 네 말을 먼저 믿어 주고 싶어. 아빠가 만약 나쁜 짓을 해서 주변 사람들이 다 나쁜 놈이라고 해도, 너는 우리 아빠 그런 사람 아니라고 해 줄 수 있는 관계가 부자 관계거든. 그런데 너는 아빠가 부탁한 한 두 가지도 지키지 않고 있어.

우리가 부자관계 맞니? 나는 너를 믿고 있는데, 그래서 듣고 싶어 하는데. 너는 아빠 엄마가 중요하다고 생각하는 그런 걸 왜 중요하다고 생각하지 않니? 너는 아빠 엄마를 믿고 그냥 따라와 주면 안 되는 거니?"

아이가 커갈수록 아이를 지도한다는 게 힘이 많이 든다. 아이가 어릴 때는 아이와 몸으로 놀아주고, 이유식 만들고, 빨래하고, 챙겨줘야 할 것들 때문에 몸이 피곤했다면, 사춘기가 된 아이를 키운다는 건 마음에 힘이 많이 든다.

아이는 처음에 반항하다가, 아빠의 말을 들으며 나지막이 들리지 않을 정도로 잘못했다고 말한다.

진심이 통한 것이다.

옆에 있던 나는 어릴 적 생각을 해봤다. 내가 잘못하고 가면 나는 더 심하게 혼났던 것 같다. 내가 잘못한 것에 대한 변명이나 이야기를 들어주지 않았다. 그래서 나는 그때부터 엇나가고 싶었고 공부하기를 포기했었다. 내 이야기를 들어주지 않는 부모님을 위해 공부를 잘해서 부모님을 기쁘시게 해 드리고 싶지는 않았다.

그리고 중학교 때 공부를 내려놨었다. 고등학교 때 무척 후회했지만. 청년이 되고 다들 하듯이 배우자상을 놓고 기도했었다. 친구들이나 나나 백마 탄 왕자 비스므레한 사람들을 상정해 놓고 기도했다. 하지만 만약 한 가지만 가질 수 있다고 한다면 무엇을 고를까, 혼자 생각했던 적이 있었다. 나는 '좋은 아빠'를 이

상적인 배우자상으로 고를 만큼 가정에 대한 이상이 있었다. 그리고 오늘 그 옛날 기도했던 기도가 응답되는 걸 보게 되었다.

사실 요 몇 달 남편에게 화가 나 있었다. 뭔가 뚜렷하게 잘못한 일은 없었지만 남편이 싫었다. 그런데 아이를 혼내는 모습을 보며 놓치고 있었던 진심을 찾았다. '아 맞다. 남편은 이런 사람이었지.'

많은 부모님이 아이를 가르칠 때 의도가 나쁘다고는 생각하지 않는다. 하지만 나처럼 그 의도를 가지고 약간씩 빗나가기 시작하면서 아예 다른 주제로 넘어가게 되거나 감정을 잘 조절하지 못해 더 큰 참사를 만들기도 할 것이다.

나는 네가

정말 잘 됐으면 좋겠거든….

진한 여운이 남는 그 말 덕분에

나는 다시 기도한다.

아이가 덜 아프기를.

그래도.

아이가 잘 자라기를.

아이가.

murmured

아들을 키우면서 제일 싫은 건, 여러 가지가 있지만 정말 나를 열받게 하는 건 아들의 궁시렁이다. 아들은 나에게 혼나고 뒤돌아서면 혼잣말을 한다. 분명 혼잣말인데 잘 들리게 한다.

아이를 혼내고 난 뒤에는 나도 감정조절이 안 되는 상태라 아이를 이해할 수 없다. 가만히 생각해 보면 아이가 하는 행동 중에, 눈에 띄게 싫어하는 것은 별로 없는 것 같다.

그런데 이 궁시렁거림은 정말 나의 이성을 마비시킨다. 궁시렁거리는 것을 좋아하는 인간이 누가 있겠느냐 생각하지마는 왜 그리 궁시렁기리는 게 싫은가 생각해 보니 나의 어린 시절과 관련된다.

아버지와 어머니는 하루걸러 싸우셨다. 아버지는 늘 술에 취해 집에 오셨기 때문에 그런 날은 온 가족을 잡으셨다. 그런데 어머니는 한 번도 술을 입에 대신 적이 없으시지만 아버지의 이런 불성실하고 가족들을 괴롭히는 행태를 몹시도 못마땅하게 여기셨다.

늦은 밤, 이른 새벽까지 아버지의 술주정을 받아주기란 너무 어려운 일이었다. 거기에 어머니의 궁시렁은 나를 정말이지 미치게 했다. 아버지의 비이성적인 행동도 이해할 수 없었지만 술독에 빠진 아버지를 상대로 어머니의 궁시렁거리는 모습은 싸움에 기름을 붓는 격이었다.

그래서 아버지가 술을 드시고 오시는 날은 어머니가 맞는 날이었고, 집안 물건이 깨지는 날이었다. 공포와 두려움, 눈물, 어지럽혀진 집을 청소하고, 어머니와 아버지를 떨어뜨려 놓고, 열에 받친 아버지가 자기 풀에 지쳐 방에 들어가 주무시든지 어머니가 집을 나가든지, 둘 중 하나의 방식으로 끝나야 모든 게 끝났다.

나의 궁시렁거림의 역사는 몇십 년을 반복했다. 그래서 나는 이 궁시렁거림을 몹시도 싫어하는 듯하다. 내가 약해서 그런지 몰라도, 나는 술에 취한 아버지보다 어느 순간부터 어머니가 더 미웠었다.

아버지는 술에 빠진 환자로 나름 정리하니 이상징후들이 이해되었는데 어머니의 행동은 어린 나로서는 도저히 이해할 수 없었다. 그리고 나는 아버지와 어머니의 두 행동을 모두 본받지 않으려고 몹시 애썼다.

드러난 모습으로 하면 나는 술을 마시지 않고, 되도록 궁시렁 거리지 않는다.

하지만 이렇게 자기를 절제하지 못하는 뭇사람들의 모습을 보거나 뒷말을 끊임없이 해 대는 사람들을 보면 어린 시절 느꼈던 두려움과 공포, 분노가 상기되며 몸 둘 바를 모르게 된다.

오늘, 그리고 지금껏 아들이 보여준 궁시렁거리는 모습은 할머니와 할아버지가 어떻게 싸웠는지를 한 번도 보지 않고 자랐음에도 불구하고 나에게 궁시렁거림으로 이렇게 질문하고 있다.

'너 아직도 거기에 걸려 넘어지고 있니?

아니면 괜찮니?'

나는 아직 괜찮지 않다.

궁시렁거림이 너무도 싫다.

아이 뒤를 따라가 봤다

아이가 방학이다. 아이는 방학보다 학교 가는 게 더 좋다고
한다. 집에 있으면 심심하다고. 이런 소리를 들을 때마다 아이에
게 미안하다. 자녀가 한 명밖에 없는 나는 아이에게 몹쓸 짓을
한 것 같다. 몸이 약해서, 돈이 없어서, 시간이 없어서, 음식을
못 해서, 놀 줄 몰라서⋯ 어떤 이유를 대더라도 아이에게 나는
불충분한 엄마다.

내가 원하는 대로
아이를 갖고 안 갖고를 하는 것은 아니지만
왠지 아이가 외로워할 때마다 죄책감이 생긴다.

방학을 맞아 한 바퀴 돌아보겠다는 아이를 따라나섰다. 뒤따

라가려고 한 것은 아닌데 나오다 보니 나도 모르게 아이 뒤를 몰래 따르게 됐다.

아이를 따라가면서 신기하게 보이는 몇 가지가 있었다. 어른들과 다르게 아이는 뭘 계속해서 본다. 주변의 풀을 보고 풍경을 보는 건지 무엇을 보는 건지 오른쪽에 있는 풀들을 건드리며 가다가 멈췄다가를 반복한다.

뭘 보는 거지 싶다가도 가서 살펴보면 별것이 없다. 심심해서 그런 건가 싶다가도 그런 게 아니라 세상 만물에 대한 호기심으로 보인다.

다른 이야기 같지만, 나는 산에 오르는 게 재미없다고 생각했던 사람이다. 산은 바라보면 된다고 생각했다. 힘들게 올라가서 또 힘들게 내려오는 게 무슨 의미가 있을지 이해하지 못했던 사람이다. 늘 무엇이 효율적인가를 생각하는 게 습관이었다. 정복을 목적으로 등산을 하는 사람의 눈에는 산에 오른다는 게 별다른 감흥을 일으키지 못하는 일이다.

아이의 뒤를 따르면서도 같은 감정을 느꼈다.

가야 할 곳이 있으면 그곳만 생각하고 바쁘게 걷는 어른들과 다르게 아이들의 시간은 느리게 느껴지는 것이 모든 것과 소통

하고 모든 것을 바라보고 만져주고 가는 것 같은….

가다가 멈추기를 반복하는 아이와 횡단보도에서 마주치게 되었다. 피식 웃는 아이를 뒤로하고 나는 내가 가야 할 곳을 가기 시작했다.

아이는 또 어디를 가는지 모르지만

각자 잘 돌고,

집에서 만나기로.

한 학기 끝나고 받은 전화

아이는 남편의 직장 때문에 전학을 가야 했다. 그렇게 새로운 학교에서 한 학기를 마쳤다. 아이는 생각보다 더 잘 적응해 줬다. 불평도 거의 없었고 가끔 왜 내가 이런 규정을 지켜야 하냐고 따지긴 했지만 그건 밥 먹을 때 부모인 우리에게나 하는 하소연 비슷한 거였다.

그런데 선생님이 학기를 마치기 전, 상담 전화를 했다. 몸은 건강해 보이는데 자주 아프다는 게 신기하게 생각하셨던 것 같고, 그리고 또 한 가지는 아이가 너무 열심히 하는데 그에 비해 성적이 오르지 않는다는 거였다. 그래서 자기가 오히려 말하지 못하는 게 있다고! 선생님의 상담 내용은 아이를 통해 이미 전해 들은 내용과 비슷했다.

아이는 언젠가 나에게

"엄마, 선생님이 나보고 되게 열심히 한대.

근데 공부는 별로 못 한대."라는 말을 해줬었다.

그리고 아이는 곧이어 이렇게 말했었다.

"근데 선생님이 어떻게 알았지?

우리 선생님 다 알고 있었어." ㅋㅋㅋㅋ

아이와 나는 선생님이 신통방통하다는 걸 알고 있었다. "진짜 선생님 맞네…" 아이가 너무 열심히 하면 오히려 어른들의 눈에는 그게 안타깝다. 그렇게 안 해도 되는데, 이게 뭐라고 그렇게 애쓰는지 마음이 쓰일 때가 많다.

그래도 이런 태도들이 모여

결국 자기가 하고 싶은 걸 만들 수 있다는 걸,

그래서 지금은 열심도, 성실도

배워야 할 소중한 가치가 된다는 걸 깨닫기를,

아니 깨닫지 못하더라도 몸으로 익히기를 바란다.

싸우면 아빠가 아닌 나를 찾는다

아들은 서운한 게 많다. 아니, 오늘은 그렇다. 내일은 다른 걸로 힘들어할 게 분명하다. 사춘기 아이를 키운다는 건 위험한 일이다. 그러니 이 위험한 폭탄을 다룰 때는 조심스럽게 만져야 한다.

숙제를 뒤로 미루는 아이는 이상한 시간 계산법을 가지고 있다. 30분이면 끝날 것 같다며 보고 싶은 유튜브를 실컷 본다. 물론 실컷은 내 생각이다. 그렇게 시간을 보내고 30분 이내에 숙제를 마치면 좋을 텐데, 취침 시간이 다 되어도 숙제는 끝나지 않았다. 그러니 욕을 또 먹는다 .

아이 하나 키우는 일도 이렇게 힘든데, 옛 어른들은 어떻게 애를 키우셨을까? 가끔 모르는 그 옛날 분들에 대한 존경심이 자란다.

아빠에게 꾸중을 들은 아이는 방문을 닫았다. 화가 난 아들은 이불을 뒤집어쓰고 잠을 청한다. 슬그머니 내가 아빠의 자리를 대신한다.

"많이 속상해?"

아이는 말하지 않는다. 늘 그랬다.

그래서 조심스럽게 달고나 뽑기의 모양을 떼듯 아이에게 말을 건다.

"왜? 엄마한테 말해봐."

아이는 이제야 조금 마음을 비친다.

"아빠 진짜 짜증 나. 아니 이게 그렇게 화낼 일이야?"

거의 성공이다.

아이의 어려운 마음을 들어주는 게 나의 목적이다.

"왜 아빠가 뭐…?"

"아니, 자기는 그렇게 하면서 나한테는… 아무튼 진짜 싫어."

아이는 모르는 사람처럼 아빠에 대한 말들을 쏟아낸다.

가끔은 듣기 거북해도 그냥 모르는 척하기로 한다. 하지만 어떨 때는 세상에 나쁜 사람처럼 아빠에 대한 말을 하기도 한다. 그럴 때면 조금만 조정해 준다.

"그래도 그렇게까지 말하는 건 아닌 것 같아.

너는 아빠가 너한테 잘해준 건 기억 안 하니?

후회하게 말하지는 마."

아이의 말을 들어주고 아빠가 심했다고 공감해 주고 잠을 재운다. 그리고 속으로 생각한다.

'너는 그래도 좋겠다.

아빠에게 서운하면 엄마한테 말하고,

엄마에게 서운하면 아빠에게 말하니.

속상할 때 털어놓을 수 있는

한 사람만 있으면 살 수 있지.

속을 비웠으니

내일은 괜찮은 아침이 될 거야.'

사춘기라는 증거

아이가 사춘기라는 걸 느낄 때는 이미 늦었다.

먼저 예상되는 현상들이 있다.

1. 냄새난다. - 예전에 나지 않았던 냄새다. 특히 정수리 냄새는 안 없어진다. 샴푸를 몇 통을 바꿨는지 모르겠다.

2. 비논리다. - 어떤 게 서운한 건지 포인트를 잡기가 애매하다. 논리의 비약이 심해서 말을 섞기가 무섭다.

3. 감정이 널뛰기한다. - 말하다가 혼자 폭발해 목소리가 커지거나 울며 따진다. 왜 하나 남은 음식을 먹었냐고 울며 따지는데 어이가 없었다. 이게 울 일인가?

4. 많이 먹는다. - 늘 외모 걱정을 하면서 먹을 때 보면 이런 생각을 안 하는 것 같다. 맨날 다이어트한다고 한다.

5. 노려본다. - 화가 나서 노려보는데 난생 처음 보는 눈이다.

6. 문 닫는다. - 항상 문을 닫으려고 한다. 사실 별로 궁금하지 않다. 그런데 문 닫으니 궁금하다. 뭘 하는 거지?

7. 자기 것 되게 챙긴다. - 미래를 준비하는 건지 모르겠는데 부모의 것을 자꾸 삥 뜯는 기분이다.

8. 안 씻으려고 한다. - 이게 사춘기 특징인지는 모르겠는데 지금까지 씻는 걸 자발적으로 하지 않고 있는 건 사실이다. 그리고 씻는 건 별로라고 하면서 디퓨저나 향수에 의존한다.

9. 문화 코드가 생긴다. - 좋아하는 가수나 연예인이 생기고 그들의 노래와 뮤비를 찾아 듣는다.

10. 이성에 대한 관심이 생긴다. - TV에 나오는 뽀뽀 등의 애정 행각을 어쩔 줄 몰라 하며 좋아한다.

11. 검은색만 입는다. - 아무리 옷핏이 좋아도 색상은 무조건 검은색이다. 중학생들 때문에 검은색 티셔츠가 팔리나 보다.

12. 말을 삐딱하게 한다. - 어른에게 하는 말인지 누구에게 해야 하는 말인지 모르는 채 사용한다.

13. 흑백논리가 강하다. - 자기와 다른 의견을 가진 사람은 누구나 적군처럼 대한다. 다른 관점을 생각하지 못하고 쉽게 공격하고 말이 끊기지 않으면 이긴다고 생각하는 듯하다.

14. 너무 잔다. - 곰처럼 자고 일어나서는 먹을 것을 찾는다. 그리

고 또 졸려 한다. 후회하면서도 잠을 이기지 못한다.

15. 돈을 좋아한다. - 딱히 쓸 일은 없는데 돈이 있어야 한다고 생각한다.

16. 이상한 용어를 쓴다. - 자기들이 사용하는 말이나 유행어를 모르면 이상한 사람처럼 취급한다.

17. 책상 위가 지저분하다. - 정리 정돈이 어려운 시기다. 창의성이 자라서 그런 거라 이해하려고 하지만 같이 살기 정말 어렵다.

18. 자기를 중심으로 세상이 움직인다고 생각한다. - 사람들이 자신을 주의 깊게 본다고 착각한다. 알다시피 다른 사람은 관심이 없다. 그런데 사춘기 녀석들은 자기들끼리 누가 쳐다봤다고 하고 거기에 의미를 덧붙인다.

19. 말하거나 하지 않는다. - 말하는 친구는 쉬지 않고 말하며 빠르게 말하는 특징을 보인다. 랩 연습하는 걸까? 그러나 말하지 않는 친구는 아예 말하지 않는다. 선택적 함구인가?

20. 공부를 많이 한다고 착각한다. - 학교만 다녀와도 공부를 많이 한 것처럼 생각한다. 정말 공부한 걸까? 거기에 학원까지 가면 정말 고시생처럼 자신을 생각한다. 했다고 하니 그러려니 한다. 그런데 점수는 뭐지?

21. 계절 감각이 떨어진다. - 옷이 예쁘거나 마음에 들면 계절과

상관없이 그 옷을 입고 나가려고 한다.

여기까지 관찰한 내용이다. 사춘기 아이는 다른 행성에서 온 것처럼 바라봐야 한다. 나도 사춘기를 겪었지만 또 다르다. 문화적 차이가 커서 그런 것도 있겠지만 내 배 아파서 낳았다고 내 것은 아니니깐.

다시 묻기 연습

아침에 청소하다 보니 어젯밤 아들에게 시킨 것이 그대로 책상에 있는 걸 보게 됐다. 화가 났다. 만약 아이가 집에 있었다면 참는 게 쉽지 않을 것 같았다.

그리고 그날 저녁, 아들에게 몇 시까지 무엇을 하라고 이야기를 했고 아들은 알겠다며 대답했다. 분명히 '네'라고 대답하고 나는 일을 하러 갔는데 시간이 지나도 아이가 행동하지 않았다. 왜 시간을 지키지 않냐고 하자, 아들은 자기한테 언제 그랬냐며 반문하기 시작했다. 화가 난다.

아이의 태도를 보며 학교 선생님에게 들었던 말들이 조합되기 시작했다. '이 녀석은 분명 학교에서도 그럴 거야. 부모의 말도 이렇게 가볍게 여기는 녀석이 학교에서 선생님의 말씀을 주의 깊게 들을 리 없어.'

그날 밤 아이는 억울하다며 펄쩍 뛰고, 나는 그런 아이의 태도에 열이 받았다. 훈계가 아닌 말싸움이 되고, "너, 학교에서도 이러는 거 아냐?"라는 나의 말이 도화선이 되어 폭발했다.

나도 잘못한 걸 안다. 그러나 화가 나니 해야 할 말보다는 하고 싶은 말을 해야겠다는 생각이 강하게 들었다.

요즘식 편 가르기로 아이와 나는 경향이 완전히 다르다. 내가 ISTJ라고 한다면 아이는 ENFP이다. 아이를 어떻게든 이해하고 싶었으면 이런 것까지 생각할까? 화가 나면 그 어떤 지식도 도움이 되지 않는다. 나도 다른 사람들처럼 아이를 이해하기 힘들다. 아니, 이해하고 싶지 않을 때가 있다.

시간이 지났다. 이제는 아이가 지키지 못한 약속 때문이 아니라 아이가 나에게 보인 태도 때문에 마음이 닫혔다. 잘못했다고 말하는 아이에게 속으로 T답게 "네가 뭘 잘못했는지 알아?"라고 따지며 묻고 싶었다.

우리의 관계가 자꾸 어려워지고 복잡해지기 전에 아이에게 다시 묻는 연습을 하라고 조언했다. 엄마나 아빠, 선생님이 말씀하시면, 그 말씀을 다시 한 번 받아 "이렇게 하라는 것이죠?" 식으로 확인하라고 했다.

아이는 알겠다며 대답했지만 정말 그게 가능할까, 또 의심이 몰려온다. 너무 마음이 힘들어 아이를 위해 기도했다. 아이를 위해 기도하다가 나를 위한 기도로 바뀌었다.

그를 오해하지 않기를,

주홍 글씨처럼 새기지 않기를,

또 용서할 수 있기를….

어른보다 부모가 백배로 더 힘들다.

맨날 먹을 게 없다 한다

밤에는 자기 싫어하고 아침이 되면 일어나지 못한다. 사춘기 아이의 특성일까, 아이의 기질일까? 중요한 건 이런 아이를 깨우는 게 너무 힘들다는 것. 아침에 일어나는 게 그렇게 힘들면 좀 일찍 자면 좋을 것을 아이는 밤 시간을 포기하지 못한다. 잔다고 방문을 닫고 들어갔는데 부스럭 소리가 나는 걸 보면 자는 게 아닌 것 같다.

참는다.

아침이 되면 깨우는 것도 힘들지만, 학교 가기 전까지 전쟁은 계속된다. 냉장고를 열고 먹을 게 없다는 게 아이의 첫인사다. 누가 보면 우리 집에 먹을 게 아예 없는 줄 알 텐데 그렇지 않다.

아이는 나도 모르게 자기 입에 맞는 무언가를 찾고 있다. 문제는 그게 뭔지를 모르겠다는 게 문제다.

아침에 먹으라고 준비해 놓은 주먹밥은 저녁에 3개나 해치웠다. 국에 한 술 말아 먹고 가라고 해도 싫다고 한다. 식빵에 딸기잼을 발라준다고 해도 싫단다. 어쩌라고??? 계란 프라이나 먹을래? 싫단다.

아이가 배고파도 그냥 가게 했지만 그것도 하루 이틀이지 신경이 쓰인다. 이래저래 부모는 고달프다.

비가 와서 남편이 데려다주며 마음이 쓰였는지 편의점에 데려갔다. 먹을 걸 고르라고 했더니 빵과 우유를 집었다. 500ml 우유가 1+1 행사를 한다고 딸기우유, 초코우유를 가져왔다. 남편은 내심 1개는 자기를 주리라 생각했다. 빵 하나에 우유 하나를 금세 먹어 치우고 남편의 바람과 다르게 남은 건 가져갔단다. 푸하하! 아무 말도 못 하고 집에 온 남편에게 듣는 데 왜 이리 웃긴 지.

한창 먹을 때다. 먹어도 먹어도 배고플 시기 맞다.
그래도 서운한 것도 맞다.

먹고 싶은 게 있다면 각자 고르자.

아이들 문제에 어느 정도 개입해야 할까?

남자아이를 키우다 보니 단순한 세대 차이를 넘어 전혀 이해할 수 없는 포인트가 있다. 약간 과장해서 관찰한 것을 얘기하자면, 친구의 몸을 모르고 살짝 건드린 게 나중에는 모르고 한 게 아닌 일부러 툭툭 치게 되었다고 생각하고 죽자고 싸우는 일들이다.

유치원 다닐 때는 '똥' 얘기만 나와도 웃더니 이제는 '성기'에 관심을 기울이는 모습. 그리고 우정인 것처럼 보이지만 힘의 논리에 따라 파벌을 짓는 게 너무 유치해 보인다.

종종 아들을 키우며 나의 학창 시절을 생각한다. 전혀 맞지 않는 대입이라고 해도 나도 그랬는지를 더듬거리다 보면 그때도 그랬던 것 같다. 남들은 다 괜찮다고 해도 내 얼굴에 난 작은 점이 내 얼굴 전체를 덮고 있는 것 같았고, 친구와 틀어지면 학교에 다닐지 말지를 고민했다. 친구는 많이 없었지만 같이 다닐 몇 명의 친구와의 관계는 그 어떤 관계보다 소중했다.

아이는 뜻하지 않게 부모의 사정으로 전학을 해야 했다. 그리고 또다시 전학을 앞두고 아이와 이런저런 얘기를 하다가 아이들이 어떻게 친구를 사귀는지, 누가 친구들 사이에 왕초 역할을 하는지 알았다. 신기하게도 학부모그룹에서 반 대표가 되면 아이에게 영향을 미치는 게 있는 듯하다. 학교 선생님들도 조심하고 친구들도 조심하는 게 있다. 그래서 이런 말을 했었던가.

작년 초 아이는 몇 차례 나에게 엄마도 학교에서 임원 활동을 하란 말을 했었다. 하는 일이 많아 그것까지 할 수 없다고 했지만 2년이 지난 지금 그 말을 해석하니 아이는 무언가 부당함을 느꼈던 것 같다. 그리고 엄마가 학교 임원이 되면 아이의 표현대로 권력을 얻고 싶었는지 모르겠다.

아이의 말을 모른 척했지만, 그냥 귀찮아 그랬던 건만은 아니었다. 나는 아이의 일에 조금 거리를 두고 싶었다. 내가 교육학까지 전공했으니 얼마나 아는 척하고 싶겠는가! 그래서 일부러 하지 않았다. 그런데 2년 뒤 이 말을 들으니 조금 미안한 마음이 들었다.

아이는 말했다.

"전학을 왔더니 두 그룹 정도로 나뉘어 있더라고. 근데 신기한 건 아이들이 스토리를 만드는 거야."

처음 듣는 말이었다.

"스토리? 그게 뭐야?"

"엄마 스토리 몰라? 이야기를 만들어 낸다고. 애들이 야구공을 가져와서 던져서 일부러 맞췄는데 우연히 맞춘 것처럼 자기들끼리 막 이야기를 만들어. 그리고 선생님에게 가서 던진 애 이름을 대지 않고 그냥 막 둘러대는 거야. 처음엔 놀랐는데 딱 보니 내가 어디 들어가야 할지 알겠더라고. 그래서 나도 했어."

"뭘? 뭘 했다고?"

"스토리."

아이의 말에 놀랐다. 친구 생일파티로 봤던 그 천진난만하게 보였던 아이들의 모습이나 운동회 때 만났던 해맑은 모습, 캠프장에서 만났던 아이들의 결속은 뭐였지? 모든 게 다 그렇다는 건 아니겠지만 내가 본 아이들의 모습과 내가 알지 못했던 아이들의 모습 속에서 순간 머릿속이 하얗게 되었다.

우선 아이에게 물었다.

"지금은 어때?"

"지금도 뭐 그렇지. 선생님은 몰라. 없을 때만 그렇게 하니깐."

그래. 나 때도 그랬다. 선생님이 없는 쉬는 시간, 점심시간 40

분에 남는 20분이 그랬다. 조회 시간이 그랬고 선생님이 없는 곳에서 무서움을 느낀 친구들도 있었다. 소풍이 마냥 좋지 않았던 친구들도 있었다.

아이는 나에게 말하면서 나의 당황스러움에 놀란 것 같다. 원래 그런 거 아니냐는 표정을 지었는데 나는 그 표정을 읽고 있었다.

"원래 그런 건 없어. 더욱이 너희들이 그걸 알아서도 배워서도 이용해서도 안 되는 거고."

아이가 하나이다 보니 유난을 떨까 봐 나름 조심했었다. 배운 여자 티 안 내려고 아이 학교 근처에는 가지도 않았다. 그런데 그것보다 귀찮고 피곤한 게 싫었는지도 모른다.

'또 나 편하려고 이렇게 한 거구나.'

그 사이, 아이는 피투성이가 되었는지도 모른다.

가끔 아이를 다 키운 분들이 해 주던 말들이 기억에 남을 때가 있다. 아들이 축구를 하고 있는 친구들 사이에 껴 달라고 했더니 아이들이 싫다고 하더란다. 멀리서 아들의 모습을 보던 엄마는 속이 상했지만 그냥 내버려 뒀다고 했다. 그랬더니 아들이 그다음 날도, 그리고 계속 나가서 축구하는 친구들 모습을 지켜보더란다. 그때도 속이 상했다고 했다. 그렇게 한 일주일이 되었나? 아이가 멀리 떨어진 축구공을 주워서 아이들에게 갖다주기 시작했다고 했다.

그 엄마가 나에게 해 주려고 했던 말은 어쩌면 아이의 문제는 아이가 혼자 해결하는 게 좋다는 말을 해주고 싶었는지 모른다.

그러나 나는 슬펐다.

아이스럽다는 것, 아이에게는 순수함이 있다는 것,

아이와는 금방 친구가 될 수 있어야 한다고 생각했다.

내가 아는 세상, 바라던 모습은 아니었다.

아이가 사는 세상도

결국 내가 사는 세상과 다르지 않다는 것.

인정하기 어렵지만 현실이었다.

힘이 있는 아이, 그리고 힘이 없어서 가만히 있어야 하는 아이. 그래서 무언가 해야만 하는 똑같은 세상에서 우리 아이도 시시각각 얼굴을 바꾸며 살고 있다는 걸 인정하기란 너무 어려운 일이다.

아이의 말을 생각하며 혼자 결심한 게 있다. 더는 내 얼굴을 바꾸지 말자! 어른으로 부끄럽지 않기 위해, 비겁한 나의 학창 시절은 이제 그만 재현되어야 한다.

공부하면 안 치워도 된다는 그 생각

아이가 학교에 가면 폐허가 된 아이의 방을 돌아본다. 책상 위 스탠드는 켜져 있고, 가습기는 돌아가고, 쓰레기통 근처에는 일부러 넣지 않은 것 같은 작은 쓰레기들이 흩어져 있다. 거기에 며칠째 버리지 않고 둔 음료수 캔들, 과일 접시와 포크, 머리카락, 지우개 가루가 있다. 옷은 침대 주변에 위아래 따로, 속옷과 양말도 널브러져 있다.

내가 있는 곳까지 오염될지 싶어, 참고 또 참다가 아이의 방을 정리하기 시작한다. 그런데 정리하다 보면 화가 난다. 이럴 것 같아 안 하려고 했는데 왠지 초파리가 낄 것 같은 기분 아닌 기분에 참지 못하겠다. 그래도 이건 아닌 것 같아 그냥 두고 나왔다. 학교 갔다 온 아이에게 방을 좀 정리하라고 했다. 아이는 알겠다고 말한다.

그런데 아이가 학교에서 먹은 물병, 과일 접시를 싱크대가 아닌 식탁 위에 올려두고 방으로 들어갔다. 식탁에서 반찬을 해야 하는 나는 아이를 다시 불러 치우라고 했다.

어떤 일이 일어났을까?

아이는 뻔뻔하게 나에게 이렇게 말했다.

"지금 공부하니깐 공부 다 하고 치울게."

"엥? 뭐라고?"

아이는 자기가 하는 공부를 대단한 일로 생각하고 있는 것 같다. 공부하고 있다는 게 암행어사가 손에 든 마패도 아니고, 참어이가 없었다.

그런 거 없고 당장 나와 치우라고 했다. 아이는 입이 나왔다. 지금 공부하는데 왜 이걸 치우냐는 거였다.

순간 흔들렸다. '그래. 아이 말대로 이번에도 내가 그냥 해 주고 공부한다고 하니깐 다음부터 잘하라고 할까? 아니지. 벌써 그렇게 내가 해 준 게 몇 번이야? 아이에게 이건 좋은 습관이 아니야.'

혼자 역할극을 하듯 망설였던 나는 아이에게 지금 공부하고 있더라도 나와서 치우라고 했다. 별일 아닌데 엄마가 자기를 괴롭힌다고 생각한 아이는 기분 나쁜 티를 내기 시작했다.

그리고 무슨 일이 일어났을까?

아이는 씩씩거리며 공부하지 않았다. 우리는 식탁에 앉아 모든 일을 중단하고 대화에 들어갔다. 아들에게 왜 억울한 마음이 드는지 물었다.

아이는 분명 부모가 해 줄 수 있는 일이라고 생각하고 있었다. 그러니 당연히 고마운 생각은 없었다. 자기가 치운 적이 없으므로 뭐가 지저분한지도 인지하지 못했다.

그래서 치사하지만 이번 주 책상에 있었던 것들, 그리고 오늘 공부하기 전에 오락하면서 치울 시간이 있었음에도 공부하기 전 치우지 않고 미뤘던 것들에 대해 이야기하기 시작했다.

그냥 내가 조용히 치워버리면 사실 아이랑 신경전을 부릴 일도 없다. 그러나 그걸로 아이가 지저분한 환경과 문제의식을 느끼지 못한 상태로 내버려 두기 싫었다. 어느 정도의 산만한 환경은 인정하되, 먹고 남은 것은 바로 치우는 걸로 극적 합의를 이루었다.

사춘기 아들의 엄마는 힘들다.

밤사이 안녕이 남의 말이 아니다.

아이를 키운다는 건 오해받는 일이다

아이의 학교생활은 부모에게도 힘든 일이다. 아이가 학교를 잘 다니면 다행이지만 어떻게 학교에 다니면서 아무 일이 없을 수 있을까. 이것 자체가 불가능한 전제인지도 모른다.

가만히 있으면 바보가 되고 너무 나대면 ADHD 아니냐고 오해를 받고. 적절한 교육이 필요한 건 알지만 작은 교실에 힘껏 에너지를 발산하고 싶은 남자아이들이 조용히 의자에 앉아 있는 게 칭찬받아야 하는 일인지 모르겠다.

이런 아이도 힘들겠지만, 그 모습을 지켜보는 부모도 힘들다. 가정교육이 어디에서 어디까지인지 모르겠지만 가르쳐야 하는 것도 너무 많고 생각을 맞춰야 할 때면 깜짝 놀랄 때가 있다.

아이가 생각 없이 이렇게 말하며 지나간 적이 있다.

"그래서 동거를 먼저 해봐야 한다니깐요."

"엥? 이건 또 무슨 소리?"

나는 아직 가르치고 싶지 않은 주제라 저 멀리 발로 뻥 차 버렸는데 그 공이 탱탱볼이 되어 다시 나에게 날라 오는 그런 느낌이라고 해야 할까?

아이와 동거, 결혼에 대한 이야기를 나누었다. 동거의 재미, 즐거움, 그 이면에 생기는 삶의 문제들, 아기가 생기면?, 살림은 누가?, 돈은 어떻게?, 다른 사람은 어떻게 만나나? 등 이다음에 일어날 이야기까지 하느라 시간을 많이 보냈다.

점점 몸짓이 커가는 아이를 보며 이제는 귀여움은 사라지고 남들이 다 말하는 듬직함이 생기는지는 모르겠지만 나는 솔직히 겁이 난다.

내가 잘(말)할 수 있을까?

아이가 학교에서 친구와 장난치다가 혼이 났다. 다 같이 까불다가 자기만 걸려 열을 받는 아이의 말을 듣다가 그 포인트가 아니라 수업 시간에 장난치지 말라고 하신 선생님의 말씀을 따르지 않았던 게 문제였다는 데까지 동의를 얻어내는 데 한참이 걸렸다.

아이를 키운다는 건

아이를 오해하는 시간을 통해

오해받음을 벗겨내고

그래도 어쩔 수 없는 일이면

그것을 온전히 받아내는 일.

그리고 어떻게든 내가 해야 할 일을 하고,

귀찮아도 가르침을 포기하지 않는 일인 듯하다.

학교에서는 무엇을 배우는가?

아이가 학교에서 선생님의 말씀을 잘 안 듣는다고 단과 선생님에게 전화를 받았다. 흥분해서 전화한 선생님의 말을 들으니 나도 격양되어 목소리가 높아질 뻔했다. 우선 선생님의 이야기를 들으며 우리 아이가 부족한 부분이 있음을 인정했다. 자존심이 상했고, 선생님이 본 게 맞는지 다시 묻고 싶었지만 이내 마음을 꺾고 죄송하다는 말씀을 드리며 전화를 끊었다.

어찌 보면 알고 있는 게 있었다. 아이는 장난이 심하고, 때로는 내가 봐도 ADHD가 아닌지 의심할 정도로 자기 흥에 빠져 있을 때가 있다. 좋을 때는 사랑을 많이 받은 티가 난다고 하지만 나쁠 때는 절제를 배우지 못한 아이라는 꼬리표가 붙을까 봐 마음이 조마조마한 적도 있었다.

우리 아이는 왜 이럴까?

아이가 어릴 때는 건강하지 못할까봐 걱정했고

아이가 클 때는 친구와의 문제, 선생님과 생기는

문제 때문에 걱정한다.

아이들도 학교에서 계층을 익히는 것 같다. 내가 학교 다닐 때

도 교생선생님을 우습게 여기거나, 아니면 단과 과목을 가르치

는 선생님을 함부로 대했던 것처럼 아이도 교장선생님이나 부

장 선생님에게 보이는 모습과 달리 말을 듣지 않는 선생님의 부

류가 있는 듯하다. 아무리 가르쳐도 사람을 똑같이 대하는 일은

어려운 듯하다. 이런 건 말하지 않아도 어떻게 배우는지 의아하

다.

그동안 부모인 우리는 아이의 편이 되어주려고 많이 애썼다.

그런데 때때로 내가 생각하는 아이가 전부는 아니라는 것을 인

정할 수밖에 없는 안 좋은 일과 같은 사건들을 통해 다시 겸손

을 배우게 되는 것 같다.

아이는 학교가 재미없다고 했다. 하긴 아이에게 학교는 친구

들을 만나기 위해 가는 곳이라는 생각만 있는 것 같다. 그곳에

서 아이는 무엇을 배워야 하는지, 왜 학교에 다녀야 하는지 이해

하지 못하고 있는 것 같다.

왜 학교에 다녀야 한다고 생각하는지를 아이에게 물었다.

아이는 분위기를 눈치채고 아무 말을 하지 않는다.

나는 인간이 되기 위해 다닌다고 했다.

인간이 인간의 역할을 감당하기 위해

학교에 다녀야 한다고 했다.

다른 곳에서는 내 마음대로 해도 되지만

학교에서는 내 마음과 달라도 어떻게 해야 하는지를 아프게,

혹은 억지로 배우는 곳이라고 했다.

사춘기 아이의 시선은 사람을 평등하게 보며 공평한 잣대를

들이대지만 선생님과 부모는 나이, 지식, 계층으로 권위라는 잣

대를 댄다고 억울해하는지 모르겠다.

그래서 아이는 학교라는 공간에서 권위를 잘 배우지 못한다.

이 차이는 설득이나 설명으로 되지 않는다. 그냥 삼키게 해야

한다. 약도 먹기 싫어도 삼켜야 한다. 흐물거리다가 뱉으면 약이

되지 않는다.

또 학교는 나의 감정을 훈련하는 곳이라 했다.

내 마음대로 하고 싶으면 학교에 다니지 말라고 했다.

아이는 왜 학교에 다녀야 하는지, 그리고 선생님을 어떻게 대해야 하는지를 억지로 배우기로 결심했다. 그렇게 아이와 한바탕 하고 아이는 몸살이 났다. 마음에 안 드는 것을 억지로 삼키게 한 게 탈이 났다. 힘이 들었나 보다.

나도 아이 때 그랬다. 왜 나는 안 되고 선생님은 되는지를 사춘기 내내 생각했었던 것 같다. 아이는 확실히 나를 닮았다. 나의 망아지 같은 기질을 닮은 아이를 보는 게 몹시도 고통스럽다.

그러나 나는 안다.

억지로 배우는 것들을 통해

나중에는 억지로 하지 않아도 될 만큼 익숙해지거나

시간이 지나면

권위자로부터 배우게 되는 일이

얼마나 유익한지를 깨닫게 될 것이라 믿는다.

아이 옆에 말없이 누워 미안한 마음을 곱게 전한다.

아들의 이간질

내 품에서 자란 아이가 거짓말을 할 리 있겠는가? 나도 그렇게 생각했다. 그러나 아이가 커가면서 아이도 나와 같이 부족하고 연약하고 때때로 거짓말을 할 때도 있고 어떨 때는 알면서 말하지 않아 상대방으로 하여금 오해하게 하는 일도 있다는 것을 알 때가 있다.

며칠 전, 일이 딱 그랬다. 나는 매달 첫날이 되면 아들에게 용돈을 준다. 그런데 문제는 아들이 용돈을 받는 태도에 있다. 아들은 용돈을 받을 때 나를 채무자처럼 생각하며 대한다. 빨리 돈을 달라고 하는 아이와 책을 보고 있던 나는 이 행동을 멈추고 싶지 않아 아들에게 조금 있다 주겠다고 했다.

조금 있다 주겠다는 말이 싫었는지 마음이 상한 아이는 방으로 들어가 버렸다.

곧이어 남편이 아들을 따라 들어갔다. 무슨 말이 오갔는지 모르지만 남편은 방에서 나와 아들에게 줄 용돈이 지금 있냐고 내게 물었다. 말만 들으면 전혀 문제가 되지 않지만 내 입장에서 설명하자면 남편의 말에는 약간의 짜증이 들어 있었다.

나는 보던 책을 내려놓았다. 다시 아들의 방으로 따라 들어갔다. 그리고 내가 안 주겠다는 것도 아니고 이따가 주겠다고 했는데 아빠에게 뭐라고 했냐고 물었다. 그러자 아들은 둘러대며 나 때문에 화난 게 아니고 아빠의 어떤 말투가 자기를 짜증 나게 해서 그런 것이라 했다.

이내 나는 방에서 나와 남편에게 보란 듯이 말했다. 애는 나 때문에 화난 게 아니고 당신의 말투 때문이라고 했다. 아들의 말에 나는 아까 남편이 했던 그 거슬렸던 말투를 기억해 냈다.

어떤 일이 일어났을까? 남편이 다시 아들 방에 들어갔다. 그리고 곧 나와 또 나에게 뭐라고 했다.

화가 난 나는 이제 남편과 싸우기 시작했다. 그렇지 않아도 아들이 가끔 남편에게는 내 욕을, 나에게는 남편 욕을 해 댔던 일들이 있어서 이번에도 그랬으리라 생각했다.

그리고 아들은 자기 행동 때문에 부모가 싸우고 있는 모습을 보면서 뭔가 커다란 두려움을 느꼈다.

이제는 용돈이 아닌 자녀의 '문제'를 바라보는 각자의 시선을 가지고 싸우기 시작했다.

나:

"아니, 아들 방에 들어갔다 나오면서 왜 나를 비난 하는 거야? 당신이 그러면 돼? 아들에게 이따가 준다고 했잖아. 왜 당신이 중간에 껴서 문제를 크게 만드는 거야?"

남편:

"당신이 처음부터 그냥 주면 이런 일이 없잖아. 그리고 왜 아들 방에서 나온 뒤, 그렇게 말해서 아들과 내 사이를 멀어지게 해? 내가 기분이 좋겠어?"

....

그 뒤로도 한참을 싸웠다. 유치찬란, 비논리, 억지스러움. 우스운 모습을 다 보이고 나서야 우리는 미안하다고 인사하며 전쟁을 끝냈다.

그리고 이번에는 아들을 향해 총공격했다.

"너! 네가 무슨 짓을 했는지 봤지? 너의 말 한마디가 우리에게 어떤 영향을 미치는지 봤어, 안 봤어? 다시 한 번 뒷담화해 봐라."

그리고 우리는 아무 말 없이 밥을 먹었다.
열받아도 밥은 왜 맛있는지 모르겠다.

부모의 말을 골라 순종하는 아이

우리 아이가 좋아할 때가 언제일까? 맛있는 거 해 줄 때, 맛있는 음식하고 나서 부를 때, 맛있는 거 사러 가자고 할 때, 맛있는 거 더 먹으라고 할 때…. 다 먹는 거다.

이외에도 어른들이 용돈 주겠다고 부르면 세상 빠르게 달려온다.

우리 아이가 내 말을 잘 듣지 않을 때는 언제일까?

밥 먹고 양치하라고 할 때 (최대한 늦게 한다).

학교 갔다 와서 외투 걸어놓으라고 할 때 (이것도 최대한 늦게).

어른들에게 받은 돈을 저축하라고 할 때 (이것도 내 기억이 이 사실을 잊을 때까지).

숙제하고 TV 보라고 할 때 (숙제를 엄청 빠르게 함),

학교 갔다 와서 물병 씻으라고 할 때 (저녁 설거지까지 기다리고 있음),

빨래는 흰색과 검은색으로 잘 구분해 놓으라고 할 때

(대충 직감으로 넣음),

빨래할 때 주머니 정리하고 넣으라고 하는 일,

외출하고 돌아와 씻으라고 할 때 등.

남들이 아는 아이의 모습과 내가 아는 모습은 조금 다르다. 무엇이든 척척 잘하는 편인 건 맞지만 부모로서 아이를 보며 느끼는 서운함은 생각보다 크다.

아이는 나의 말을 골라 순종하기 시작했다. 그냥 "네(yes)"가 없다. 조건을 붙이거나 내가 하는 말을 우회적으로 변경한다.

내가 아이를 다루는 수완이 점점 나아지듯, 아이도 나를 대하는 방식이 생겼는지 모르겠다.

내가 기분이 안 좋거나 분위기가 좋지 않으면 아이는 언제 그랬냐는 듯이 이 모든 일들을 '지금 바로' 행한다. 공부도 열심히 하고, 씻는 것도 당연히 해야 하는 일인데 하고 나서 나에게 와서 자신이 깨끗한 상태라는 걸 굳이 나에게 확인시켜 준다. 방 정리도 다 했다고 말하고, 집 전체를 진공청소기로 청소한다.

나는 아이에게 말한다.

"너는 내가 나쁜 엄마가 되기를 바라는 게 분명해. 분위기 좋게 이야기하면 안 듣고 내가 각 잡고 말하면 네가 들으니깐 내가 너를 그렇게 대하게 되잖아. 네가 이걸 원하는 거야? 너에게 자율성은 없는 거야? 왜 누가 너에게 자꾸 이렇게 저렇게 하라고 말하게 하는 거지?

이거 이상한 거야. 너 스무 살 되면 독립해야 하잖아. 어른은 그냥 되는 게 아니야. 자기 삶을 정리해야 하는 거거든. 내가 결정한 일에 대해 책임지는 거니깐. 그러니깐 네가 엄마와 함께 있을 때 그런 걸 잘 배우면 좋을 것 같아."

아이는 잘 이해한 게 맞을까?

알 수 없다.

나도 아이와 비슷했을 때 부모님께 들은 말씀이 하나도 남아 있지 않는다. 그냥 부모님이 나를 속상하게 했던 일들만 기억에 있다. 아이도 혹시 그런 건 아닐까?

나는 20살이 될 날을 늘 셈한다.

'이제 몇 년 남았군.'

엄마 역할로부터 자유나 해방이 아니라 아이가 너무 그리울 것 같아서 그 시간들이 얼마 남지 않았으니깐 내가 잘해야겠다는 의미로 세고 있다.

내 마음까지 아이는 닿을 수 없겠지만
좋은 생활 습관이
아이의 삶에 익숙해질 수 있으면 좋겠다.
물론 그것도 그 아이의 몫이긴 하지만.

내가 너를 위해 접는 건 먼저 말 걸어주는 일

아이가 나를 향해 노려본 일이 처음은 아니지만 원망이 가득 섞인 눈빛을 보는 건 낯선 일이었다. 아빠에게 혼이 나고 아이는 그 원망을 나를 향해 쏟아냈다.

"엄마는 왜 아빠가 그렇게 말할 때 가만히 있어?"

아이는 내가 자기편을 들어줘야 한다고 생각하는 것 같다. 나도 남편과 같은 생각이었기에 굳이 아이의 편을 들어줘야 한다고 생각하지는 않았다.

요즘 아이와 우리 부부 사이의 줄다리기에서 승리는 늘 아이가 한 것 같았다. 문을 세게 닫으며 들어가는 궁시렁거리는 소리도, 자기 방에서 분에 차 이불 킥을 하며 내는 소리도, 다 무음으로 처리해야 했다.

아이를 자기 방에서 불러내어 왜 그렇게 행동하는지, 말은 어떻게 해야 하는지를 가르치기란 적합하지 않은 것 같았다.

'그래, 너도 네 방에서는 네가 하고 싶은 말을 해야겠지.'

가끔 귀에 거슬리고 못 참게 속이 뒤틀려 얼굴이 하얗게 질릴 때가 많지만 그래도 다짐한 대로 하자고 했다.

최근 나와 남편의 다짐은 이런 것이었다.

첫째, 내가 아이처럼 그 시절을 지나왔다고 한들, 아이의 문화와 생각을 다 이해할 수 없다는 것을 인정하기.

둘째, 나는 아이를 위해 올바른 방향으로 양육한다고 하지만 결국 그 방식도 내가 부모님으로부터 배운 방식에서 벗어나지 않는다는 것을 깨닫기.

남편은 남편의 부모님으로부터 배운 대로 양육하고, 나는 나의 부모님으로부터 배운 대로 양육한다.

아이와 대화가 안 되다 보니

줬던 것들을 다 뺏고 싶은 마음만 강렬했다.

쉰 소리처럼 공기 반 소리 반으로 "너 그러면 핸드폰 내…놔." 라고 했다가 이번에는 남편이 나에게 소리를 질렀다. 도대체 왜 그러냐면서, 더 관계를 악화시키고 싶냐고 했다.

나는 왜 아이가 잘못하면

아이의 것을 그토록 뺏고 싶어지는 걸까?

그런데 남편은 왜 아이가 잘못해도

뺏고 싶어 하지 않는 걸까?

그래서 내린 결론이

가정환경 차이라는 것을 알았다.

또 나에게 불편한 게 남편에게는 아무 문제가 되지 않고, 우리 두 사람에게 불편한 게 아이에게는 문제가 되지 않을 때가 있다는 것도 깨닫는다. 밤늦게 전화하면 안 된다고 배웠던 우리들과 다르게 아이들은 숙제를 다 마치고 밤 10시가 되면 게임을 하기 위해 서로 연락을 한다.

아이들의 게임 시간이 못마땅해서 아이와 다퉜었다. 밤늦게 통화하는 것을 들으며 그 아이들은 부모님이 뭐라고 안 하시냐고 했더니, 왜 아이의 부모님까지 욕하냐며 대들었다.

나로서는 예의범절이라고 생각하는 것이 아이 입장에서는 구속이고 답답함이다.

또

마음을 접는다.

준 것은 다시 뺏지 않겠다고 마음을 접는다.

말을 걸고 싶지 않지만

부모라서 내가 먼저 말을 걸기로 또 접는다.

이해가 되지 않지만 그때는 그런 거라고

생각을 접는다.

너무 늦게 매를 들었다

아이의 반항이 심해지면서 선을 넘은 듯했다. 이래도 어떡하 겠냐는 듯이 막무가내로 번진 듯했다. 아이는 자기가 무엇을 잘 못했는지를 모두 잊어버린 것처럼 엄청난 도전을 걸어왔다.

이내 나는 아들의 응수에 내가 해야 할 말을 잊었다. 좋게 좋 게 말하다 보니 똥인지 된장인지 아이는 잊어버린 것 같았다. 툭툭 던지는 말에서 왜, 무엇 때문에 그러는지 도무지 알 수 없 게 가슴을 후려댔다.

오랫동안 참았던 나는 드디어 아이에게 매를 들었다. 아이는 학교에서 배운 것처럼, 아니 들은 것처럼 경찰에 신고하겠다고 했다. 또 말문이 막혔다.

"학교에서 배운 게 이런 거니?"

인권, 인권 하다 보니 자식의 도리나 예의범절은 생각하지 못

하는 듯 보였다.

그렇게 인권 하다 보니 싸움만 더 커진다. 자신의 인권은 있고 부모의 인권은 차마 생각하지 못하는 어리석고 무지한 아이와 싸울 필요는 없다.

아이의 반문에 아랑곳하지 않고 매를 들었다.

말을 함부로 했으니 1대,

또 그렇게 말했으니 1대….

총 3대였다.

자기 몸보다 작은 나를 동물적 감각으로 무시해 왔지만

더는 이대로 너를 내버려 둘 수 없다고

울면서 매를 들었다.

네가 잘되기를 바라는 마음으로 매를 든다고 했다.

아이는 도저히 이해하지 못했다. 이해할 마음도 없었고 더 큰 소리로 뭐라고 쏟아댔다. 그러나 감정은 감정이고 더 엇나가지 않기를 바라는 마음에서 매를 들었다.

요즘 아이가 제일 무서워하는 것은 부모가 아닌 것 같다. 능력만 있으면 나가 버렸을지도 모르겠다. 엄마의 마음을 아프게 하는 일보다 핸드폰의 자유를 빼앗기는 걸 더 싫어하고 무서워한다.

매를 들기 전, 기기 압수해서 하루 금지와 매 맞기를 고르라했다. 아이는 매를 선택했다. 조금이라도 자기 삶에 즐거움을 주는 것을 앗아가는 것을 선택하지 않겠다는 굳은 결심이었다.

너무 오랜만이라, 아니 어쩌면 사춘기때 내가 때리는 건 처음인지라 첫 1대는 살살 때렸다. 아이도 눈치를 채는 것 같았다. 이제 남은 2대를 어떻게 때려야 할까, 하다가 훈육이 될 정도로 최선을 다해야겠다고 생각했다.

그리고 아이에게 말했다.

"엄마는 지금 힘으로 때리는 거 아니야. 부모니깐 네가 알아차리라고 때리는 거야. 때리는 걸 좋아해서 하는 것도 아니야. 엄마도 힘들어. 엄마니깐, 엄마라서 하는 거야."

내 눈에 눈물이 반은 가득 찼던 것 같다. 아이는 알 수도 있고 모를 수도 있다.

그래도 몸의 통증으로 남으면 그게 무엇이든 새로운 방식으로 자신의 문제를 보게끔 하고 싶었다. 3대를 다 때리고 나도 몸살처럼 살이 아프기 시작했다.

아이의 방에 들어가지 못한 채 숨죽여 문에 귀를 댔다. 아이는 코를 골며 잘 자고 있다. 고맙고 미안하고 다행이란 생각이 들면서도 내 속을 뒤집은 놈은 잠도 잘 자고 밥도 3끼나 다 먹는 게 신기하기만 하다.

그런데 나는… 잠도… 밥도… 먹지 못한다.

나름 가르친다고 열심히 살았는데 아이가 사춘기가 되니 모든 게 공수표가 된 것 같다. 언제부터 잘못되었는지 남편과 이야기했다. 남들이 아이에 대해 뭐라 하는지도 알고 있다.

그래도 우리는 부모니깐 아무렇지 않게 아이를 대하듯 다른 사람을 대한다. 그저 좀 어렵고 버겁고 복잡하지만 빨리 이 시기가 지나갔으면 좋겠다고도 생각하지만 부모 역할을 잘 감당하기를, 제육볶음을 만들며 기도해 본다.

무심하게 툭, 쿨하게 대하기

아이가 어렸을 때 나는 아이에게 반응해 주는 일이 그리 어렵지 않았다. 오감이 꽤 발달되어 있는 편이라서 저 멀리서 뭐라고 작은 소리로 말해도 기가 막히게 알아듣고 아기에게 다가갔다. 배가 고픈지는 알아차리지 못했지만 아기가 대변을 놓고 뒤적거리면 이내 냄새를 맡고 기저귀를 갈아주었다.

아기가 자라 유아가 되었을 때, 한 연구소에서 진행한 부모 감정표현에서 넉넉히 1등을 차지할 만큼 아이의 필요나 요구, 반응에 잘하고 있다고 자신만만해 왔다.

그런데 문제는 사춘기에 접어들면서다. 아이는 나의 이런 반응을 싫어한다. 아이는 몸이 바뀌었고 목소리가 바뀌었고 체격이 달라졌는데 나는 여전히 옛날에 내가 잘했던 방식으로 아이를 대하고 있었다.

무엇이 문제인지도 모른 채, 나는 내가 잘했던 방식으로 잘하고 있다고 믿으면서 말이다.

아이가 혼자 화가 나서 방문을 세게 닫고 들어가면 그냥 그런 줄로 생각하면 된다. 그런데 나는 그게 너무 힘들었다. 아이가 방안에서 책상을 치든 휴지통을 발로 차든 그냥 두면 되는데 나는 그게 안 되었다.

유아 때 아이를 대하듯, 하나의 반응에 하나의 응답으로 대하다 보니 아이보다 내가 아프기 시작했다. 그런데 내가 아픈 건 아픈 거고 아이도 힘들어했다.

나의 결론은
내 방식이 틀렸다는 것이다.

어릴 적 방식과 달리, 청소년 아이를 둔 부모는 아이를 대하는 방식이 달라져야 한다. 들려도 못 들은 척, 봐도 못 본 척, 더러워도, 냄새나도, 쫓아다니며 씻기고 먹이지 않기.

무심하게 보이더라도 툭,
그냥 내 할 일 하는 게 맞다.

내 인생이 아니라 네 인생이고,

나는 너의 인생 가이드일 뿐

너를 대신해서 달려줄 수는 없으니깐

응원하며 지치지 않게

이 터널을 잘 통과할 수 있기를 바라면서 말이다.

아이는 화나면 밥을 안 먹는다

아이를 키우면 종종 황당한 경험을 할 때가 있다. 아이는 화가 나면 밥을 안 먹겠다고 하고 방으로 들어간다. 마치 내가 자신의 밥맛을 싹 가시게 하는 주범인 양 단식하며 자신의 입장을 표현하는 건데 나는 이게 너무도 웃긴다.

사실 밥을 해 주고 식사를 챙기는 엄마 관점에서 아이가 밥을 안 먹는다는 건 가슴 아픈 일이 아니고 오히려 무척 편한 일이다.

밥을 먹든 안 먹든 엄마에게는 크게 상관이 없다. 물론 나만 그런지 모르겠다. 네 배가 고프지, 내 배가 고프지 않기 때문에 조금 신경이 쓰이긴 해도 그렇게 마음이 상하거나 걱정되지 않는다.

우선 내가 이렇게 생각하는 데는 아이에 대한 남다른 경험이 있어서다. 내 아이는 무척 잘 먹는 아이다. 맛있는 걸 먹으면 행복해하고 늘 다이어트를 염두하고 있으면서도 자신의 적정량을 잊은 채 배에 음식을 가득 넣고 산다.

그런 아이가 데모하듯 밥을 먹지 않겠다고 하면 아이는 아마 그 행위가 나의 마음을 아프게 하고 엄마가 속상하리라 생각하는 것 같은데

나는 괜찮다.

그래서 또 생각했다. 내가 아이를 많이 사랑하고 있다는 걸 아이는 알고 있구나! 다행이라는 안도감이 들며 나는 아이가 안 먹으면 그냥 혼자 먹는다.

생각해 보니 내가 사춘기 때 아이처럼 밥을 안 먹겠다고 했던 적이 있었던 것 같다. 그런데 수가 얕았던 우리 엄마는 늘 내 뒤통수에 대고 이런 말을 했다.

"안 먹으면 지만 손해지, 내 배고프냐? 네 배고프지? 먹지 마. 먹기만 해봐라."

나는 그 말을 들었기 때문에 자존심이 걸려 밥을 먹을 수 없었다. 엄마에게 이런 말을 듣고 컸던 나는 이제 엄마가 되어서 아이에게 이런 말을 하지는 않고 대신 집을 잠시 나간다.

마트에 가든 산책을 하든 1~2시간만 비우면 놀라운 일이 일어
난다.

아이는 내가 없는 사이에
내가 만들지 않은 라면이나 핫바, 음료수 등을
자기 방에서 잔뜩 먹고 안 먹은 척한다.

설거지까지 해서 흔적을 없애지만, 냄새는 난다.
일부러 나가줬던 나는 집에 들어와
혼잣소리도 못 내고 웃는다.

네가 졌다!!!

내 아이에서 너로 거듭나기

내 아이는 정말 귀여웠다. 모든 엄마의 거짓말이라고 할지 몰라도 나는 그렇게 생각하지 않는다. 아이를 데리고 나가면 사람들이 만지고 싶어 할 만큼 귀여웠고 생기발랄했다.

그래서 아기 때는 아이의 외모가 나의 자랑이었다. 긴 속눈썹, 동그란 눈, 인형 같은 외모였다. 이런 까닭에 나는 유모차의 가림막을 가린 적이 별로 없다. 동네 사람들 나와보시라고 광고한 적은 없지만 가림막을 하지 않은 건 아이의 시선 때문이 아니라 아이를 보여주고 싶은 나의 욕망에서 비롯된 일이었다.

"엄마를 많이 닮았네요."

내가 듣는 최고의 칭찬이었다.

그런데 지금은?

엄마를 닮았다는 말은 나에게 욕이다.

남편과 나는 서로 너를 닮았다고 하고 있다.

그러나 나는 알고 있다. 나의 최대 단점을 아이는 닮은 듯하다. 남편에게는 자존심 때문에 인정하지 않았지만 말이다.

미용실에서 머리를 만져주는 원장님에게 이런저런 이야기를 하다가 아이가 머리를 잘못 감고 있는 것 같다고 고민을 상담했다. 그랬더니 원장님이 머리 감는 방법을 알려줄 테니 아이를 데리고 오라고 했다. 고마웠다.

아이 때문에 너무 스트레스를 받고 있다고 편하게 말했다. 내가 어떤 사람인지, 어떤 일을 하는지, 어디 사는지 알지 못하는 이런 사람이 편한 이유가 있다. 그냥 말해도 괜찮을 것 같은 그런 느낌 말이다.

그런데 얘기를 나누다가 이런 생각이 들었다. 그때는 내가 입히고 싶은 옷, 내가 하고 싶은 것에 아이가 나에게 맞췄던 것 같다. 별다른 의견도 없었고 경험이 부족하니깐 아이는 내가 펼쳐준 세상에서 노는 것을 좋아했다. 그리고 그때는 아이의 자아가 형성되기 전이라 전적으로 '나의' 아이였다.

그러나 이제 사춘기를 보내며 아이는 내 아이가 아닌 자기

'자신의' 이름을 찾는 노력을 하고 있다. 좀 당황스럽고 마음에 안 들게 탐색하는 것처럼 보이지만 그것도 건강한 아이의 발산으로 생각하기로 한다. 때때로 발악처럼 보이지만 말이다.

결혼한 날보다 아이 낳은 날을

결혼한 걸 후회한 적이 있다. 어쩌면 다들 그렇게 생각하고 사는지도 모르겠지만. 결혼보다 더 어려웠던 건 아이를 낳는다는 일이었다. 아이를 낳고 키운다는 게 나에게는 실험, 모험, 책임… 그 이상의 걱정, 또 걱정이었다.

내가 결혼을 주저했던 이유는 부모님이 행복해 보이지 않아서였다. 우리 부모님만 그런 게 아니라 주변의 많은 사람이 그렇게 행복해 보이지 않았다. 그것보다도 미워하는 것 같아서, 어쩔 수 없이 자식 때문에 사는 것처럼 보여서 그게 싫었다. 게다가 역할모델로 부모님을 훌륭하게 두지 못한 나는 매일 싸우고 부수고 죽일 만큼 미워하는 모습을 보면서 오랫동안 차근히 다짐했었던 일이었다.

결혼만큼은 하지 말자.

나를 믿을 수도, 상대 남자를 믿기에는

내 믿음이 너무 얕고 작아서.

그러다 나를 구해준 한 남자를 만나 결혼이라는 것을 했다. 그때 연애는 하겠는데 결혼할 자신이 없다고 하자, 당시 남자친구가 말했다. 도대체 그러면 너는 언제 괜찮아질 것 같냐고.

생각해 보니 나는 괜찮아지지 않을 것 같았다. 하나보다 둘이 낫겠지, 남들도 하는데 나도 결혼이란 걸 한 번 해 보지, 지금보다 낫지 않겠어, 하는 마음으로 결혼을 했고 마음이 참 편했었다. 그리고 몇 년 뒤 아이가 생겼다.

아이가 생겼을 때 겁이 났었다. 내가 엄마가 된다는 게 실감 나지 않아서가 아니라 엄마가 되는 게 너무 무서웠기 때문이다. 내가 주변에서 본 엄마, 책에서 읽었던 엄마, 내가 아는 엄마 사이에서, 나는 엄마가 될 준비가 아직 덜 됐다고 생각했다.

부단히 건강한 사람이 되려고 여기저기서 공부도 하고, 시간을 들여 노력했지만 여전히 나는 엄마가 될 준비가 되지 않았다는 생각이 들었다. 아이를 낳을 수 있는 자격은 신체만 건강해서는 안 된다고 생각했다.

그렇게 아이를 낳고, 아이는 사춘기가 되었다. 나에게 아픈 말을 하는 아이를 보면 '거봐, 엄마 자격이 없잖아.' 내가 나를 찌른다.

그런데 아이도 나에게 말한다. "밖에서 엄마가 어떤 사람인지 말할 거야." 아이는 나를 협박하려고 아니 겁을 주려고 꺼낸 말인지 모르지만 나는 겁이 나지 않았다.

"그래. 말해. 나도 원하는 바야."

가면을 일부러 쓴 적은 없지만 아이 눈에 나는 가면을 쓴 괴물인지도, 배우인지도 모른다. 푸념처럼 '그러니깐 내가 결혼 안 한다고 했잖아. 그러니깐 내가 아이 못 낳는다고 했잖아.' 힘겨울 때마다 내가 나에게 건네는 말이다.

사춘기 이전의 아이는

나의 기쁨이고, 자랑이고, 소망이었다.

사춘기 이후의 아이는

나의 얼굴이고, 약점이고, 한계이다.

아이는 나에게 소리 지르지 말라 하고

아이는 큰 소리를 유독 싫어한다. 집안이 조용해서 다른 소리가 더 크게 들리는 것처럼 느껴질 수도 있겠지만 아이는 아기 때부터 소리에 민감했던 것 같다. 아기 때 문소리, 밖에서 나는 소리, 출근하는 소리에 놀라 귀를 막아준 기억이 있다.

그렇게 생각하면 나도 그렇다. 나도 소리에 민감하다. 소리에 민감한 아들과 민감한 엄마가 말싸움하기 시작한다.

언제부턴가 아이는 나와 의견이 맞지 않으면 소리를 질러댄다. 나는 이것부터 기분이 상해 아이와 말하고 싶지 않았다.

그러면 아이는 내가 자신을 무시했다고 여기고 소리를 고래고래 지르거나(특히 아빠가 없을 때) 아니면 억울하다는 것을 온몸으로 보여주기 위해 더 큰 소리를 낸다.

나는 내용과 상관없이 형식을 중요하게 생각한 사람이라 아이의 이런 행동을 받아들이지 못한다. 원래 하려고 했던 말이 무엇이었든지 간에 상관없이 아이의 이런 버르장머리 없는 행동이 나의 모든 이성 기능을 마비시키고 아이에 대한 실망은 곧바로 아이에 대한 무시로 들어간다.

우스운 이야기지만 나는 분명 아이가 소리를 지르는 것 같은데 아이는 나에게 소리를 지르지 말라고 한다.

내가 하지 말라고 말하고 싶은 소리를 아이에게 듣다 보면 기가 차서 할 말을 잃는다. 말싸움으로 이런 애를 이겨서 무엇하겠느냐 하지만 억울한 마음은 가시지 않는다. 분명 아이가 더 큰 소리를 낸 것 같은데 아이는 내가 큰소리를 냈다고 하니 말이다.

그래도 어쩌겠는가.

말을 작게 해서 빌미를 제공하지 말자.

사춘기 관찰일기

초판 1쇄 발행 2024년 4월 24일

지은이 / 우지연

그림들 / 김선희

내지사진 / 송은율

편집 / 김명곤 송희진

디자인 / 샘물

마케팅 / 스티브jh

경영팀 / 강운자 박봉순

펴낸곳 / 한사람북스

출판등록 / 2023-0000122호 2022년 7월 4일

주소 / 서울시 서초구 마방로6길 13

홈페이지 / https://hansarambook.modoo.at

블 로 그 / https://blog.naver.com/pleasure20

ISBN / 979-11-93356-04-3 (43190)